시니어 보이스 트레이닝

50+ Senior Voice Training

시니어 보이스 트레이닝(50+ Senior Voice Training)
75세에도 청년 목소리

발   행 | 2023년 2월 7일
저   자 | 이현정
펴낸이 | 고대정
펴낸곳 | 주식회사 스토리텔링
출판사등록 | 2023.01.13(제333-251002022000305호)
주   소 | 본점 - 부산광역시 해운대구 센텀중앙로 48 에이스하이테크21 1304호(우동)
　　　　 서울지점 - 서울특별시 마포구 마포대로 109, 101동 1504호(롯데캐슬프레지던트)
전   화 | 서울지점 02-318-7733
이메일 | hacu777@gmail.com

ISBN | 979-11-981117-0-8

ⓒSenior Voice Training 2023
본 책은 저작자의 지적 재산으로서 무단 전재와 복제를 금합니다.

5세에도 청년 목소리

시니어 보이스 트레이닝

50+ Senior Voice Training

이현정 지음

40대 청년 얼굴, 70대 노인 목소리
상대는 당신을 청년이라 생각할까? 노인이라 생각할까?

75세에도 청년 목소리를 유지할 수 있는 음성훈련법!

스토리텔링

목차

서문	007
왜 50+ 성인은 음성 훈련을 받아야 하는가?	010
노인? 실버? 시니어?	021
CHAPTER 1. 노화로 인한 음성의 변화	030
뇌의 언어영역에 사고·질병으로 인한 장애가 생기면 어떻게 될까?	033

   Ⅰ 호흡기관과 노화   037
   Ⅱ 발성기관과 노화   040
   Ⅲ 조음기관과 노화   044
   Ⅳ 청각기관과 노화   046
   Ⅴ 노화로 인한 음향학적 변화
      1. 음도   051
      2. 강도   053
      3. 음질   054

CHAPTER 2. 시니어 보이스 트레이닝 (Senior Voice Training)   057

Ⅰ 좋은 목소리를 위한 습관
    1. 주의사항   057
    2. 권장사항   062

Ⅱ 호흡 훈련
    1. 복식호흡   066
    2. 최대연장 호흡 늘리기   077

Ⅲ 발성 훈련
    1. 후두 마사지   079
    2. 발성 근육 풀어주기   083

Ⅳ 발음 훈련
    1. 많이 알려진 방식의 발음 훈련   088
    2. 자음과 모음 발음 위치를 결합한 발음 훈련   097
    3. 혀 비틀기 훈련 (Tongue Twisters)   103

🛑 English Tongue Twisters   108

Ⅴ 음성치료에서 쓰이는 음성 훈련법
    1. 성대 기능 훈련 (Vocal Function Exercises)   111
    2. 하품/한숨 발성법과 부드러운 성대 접촉   116
    3. 공명 훈련   123
    4. 목소리 강도 훈련   129

CHAPTER 3. 시니어 스피치 (Senior Speech)   134

Ⅰ 동영상 촬영
  1. 3분 스피치   137
  2. 문제 확인   138

볼펜 or 코르크 마개?   144

  3. 다양한 주제 말하기   147

200문 200답   148

Ⅱ 시 낭송   162
Ⅲ 연기(acting)를 활용한 스피치 훈련   173
  1. 역할극 (1인)   176
  2. 즉흥극 (2인)   182
  3. 낭독극   191

시니어 보이스 트레이닝의 기대효과   214

미주   218

참고문헌   221

서문

　연극을 전공하고 오랜 시간 연기 강사로 일하면서 모든 말하기의 기본은 좋은 발성과 정확한 발음이라는 확신이 들었다. 그러나 연극 전공자로서 발성·발음 문제의 정확한 진단과 해결 방법에는 한계가 있었다. 그러던 어느 날 한 제자가 언어치료를 받았는데 선생님이 쓰는 방법과 매우 유사하다고 했다. 그때 언어치료 분야가 있다는 것을 처음 알았다.

　수소문 끝에 언어치료학과에 편입하여 2016년 졸업과 동시에 언어재활사 2급 자격증을 획득하였다. 언어치료를 공부한 건 실제로 학생들을 지도하는 데 큰 도움이 되었다. 문제점이 보이니 해결할 방법도 보였다. 언어치료 분야에서도 특히 음성치료 분야는 배우뿐만 아니라 음성 문제로 고민하는 일반인들을 위해서도 매우 유용했다.

　그러던 중 지인으로부터 노인분들의 음성을 개선할 수 있는 프로그램이 있었으면 좋겠다는 이야기를 들었다. 종종 일반인의 음성 문제를 도와주는 일을 하고 있었지만, 노인들의 음성치료는 경험이 없었다. 그리고 부정적이었다.

　나이 들면 목소리가 변하는 게 당연하지 않은가? 노화로 인해 변한 목소리를 고칠 수 있나? 그냥 받아들이고 살아야 하는 게 아닌가? 문득 호기심이 들었다. 주변 지인들을 돌아보니 확실히 나이가 들수록 목소리는 젊었을 때와 달라져 있었다.

고음이 잘 안 올라간다거나, 목이 자주 쉰다거나, 탁하고, 거칠고, 숨도 찼다. 어떤 친구는 너무 소리가 작아 잘 안 들리고, 어떤 친구는 주변환경과 상관없이 너무 큰 목소리로 눈총을 받았다. 20대 때의 그 탄력 있고 윤기 있는 목소리는 어디 간 거지?

그때부터 노화와 음성의 관계를 다룬 글을 찾아보기 시작했다. 노화로 인한 음성의 변화는 한마디로 발성 발음 공명 기관인 폐나 후두, 성대의 기능 저하로 나타난다. 아쉽게도 노화를 완전히 막을 방법은 없다. 그러나 지연시킬 수는 있다. 건강한 신체를 위해 식단 조절하고, 유산소와 근력운동을 하듯 건강한 음성을 위해 호흡을 늘리고, 성대를 튼튼하게 유지할 수 있는 훈련이 있다.

하지만 시니어들의 음성을 주제로 한 책이나 강좌는 거의 없었다. 이게 이 책을 쓴 이유다. 방법이 아예 없으면 할 수 없지만, 있는데 알지 못해 못 한다면 너무 억울한 일 아닌가?

이 책은 젊고 건강한 신체만큼 중요한 젊은 목소리를 유지하고 개선하는 음성 훈련법을 담았다. 노화와 음성의 관계, 복식 호흡법과 발성·발음 훈련, 더하여 연기(acting)를 활용한 역할극, 즉흥극, 낭독극 등을 통해 50대 이후에도 자신을 새롭게 발견하고 표현할 수 있는 스피치 훈련도 담았다.

망설이지 말고, 주저하지 말고 지금부터 시작하자. 매일 조금씩 복식호흡을 하고, 훈련된 발성·발음으로 스피치 연습도 해 보자. 습관이 되었을 때 10년 후 나는 여전히 젊은 목소리로 말하고 있을 것이다.

사랑하는 부모님과 열심히 응원해 준 동생, 부족한 실력에도 용기를 주고 출판을 도와준 스토리텔링 고대정 대표님과 김혜원님, 이지윤님, 마지막으로 이 책을 읽고 75세에도 청년 목소리를 유지하실 독자분들께 감사드린다.

저자 이현정

왜 50+성인은 음성훈련을 받아야 하는가?

송해(1927년생)는 1988년부터 2022년까지 34년 동안 KBS 〈전국노래 자랑〉을 진행하여 기네스북에 등재된 '최고령 TV 음악 경연 프로그램 진행자'였다. 그는 90세가 훌쩍 넘은 나이에도 젊은이 못지않은 짱짱한 목소리로 "전국~ 노래자랑"을 외쳤다.

또한 배우 김영옥(1937년생)은 2016년 방영된 JTBC 〈힙합의 민족〉에 출연해 젊은이의 전유물 같았던 힙합을 나이와 상관없이 즐길 수 있는 장르라는 인식이 전환을 가져왔다. 이 외에도 이순재(1935년생), 신구(1936년생), 박근형(1940년생), 김혜자(1941년생), 나문희(1941년생), 오영수(1944년생), 윤여정(1947년생) 같은 분들은 모두 현역 배우로 활발히 활동 중이다.

이들은 젊은이도 소화하기 어려운 긴 호흡의 대사도 훌륭히 소화하며 후배들의 아낌없는 존경을 받고 특히 윤여정은 영화 〈미나리〉로 2021년 제93회 아카데미 여우조연상을, 연극배우 오영수는 넷플릭스 드라마 〈오징어 게임〉으로 2022년 제79회 골든 글로브 TV 부문 남우조연상을 받았다. 또한 배한성(1946년생), 송도순(1949년생) 같은 유명 성우들은 목소리만 들으면 젊었을 때와 현재의 목소리가 다른 걸 눈치채기 어렵다.

위와 같은 분들은 또래 노인에 비해 건강하고 활발하며 젊은 이미지를 가졌다. 또한 또래 노인의 약하고 탁한 음성과 불분명한 발음에 비해 비교적 힘 있고 윤택하며 분명한 발음을 가졌다. 모두 오랫동안 목소리 관리를 해온 직업적 음성사용자이다.

반대로 간혹 TV에 얼짱이나 몸짱으로 소개되는 젊은 외모의 노인도 막상 목소리를 들으면 역시 제 나이로 보이기도 하고, 전화 통화할 때 한참 어른인 줄 알았다가 막상 실물은 매우 젊은 사람이라 놀랄 때도 있다. 이처럼 목소리는 외모와 함께 나이를 짐작하게 하는 지표가 된다.

UN에 따르면, 총인구에서 65세 이상 인구가 차지하는 비율이 7% 이상인 경우를 고령화사회(aging society), 14% 이상인 경우를 고령사회(aged society)라고 하고, 20% 이상인 경우를 후기고령사회(post-aged society) 또는 초고령사회로 분류한다.

한국은 2000년에 고령화사회에 진입하였으며 2025년에는 고령인구 비율이 20%를 넘고, 2035년 30%, 2050년 40%, 2070년 46.4%에 이를 전망이다. 대한민국은 전 세계 유례없는 빠른 노령화로 2024년~25년이면 노인인구 비율이 20%를 넘어 5명 중 1명은 노인이 된다.

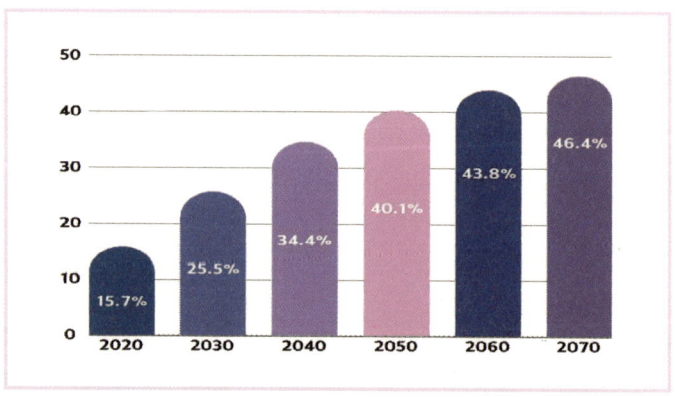

표1 : 통계청 65세 이상 인구증가 전망 (%)

'젊은 노인'이 늘어나고 '늙은 노인'의 평균수명까지 길어지면서 만 65세 이상 전체 노인인구는 폭발적으로 늘고 있다. 지난달 기준 만 65세 이상 노인인구는 총 882만 1,070명이다. 10년 전 약 560만명이었던 노인인구는 올해 들어서만 매달 약 3만명씩 증가하고 있다. 지난해 기준 기대여명은 83.48세로 2010년(80.24세)보다 3.24세 늘었다. 통계청은 최근 발표한 장래인구추계(중위추계)를 통해 2024년 노인인구가 1000만8000명을 기록할 것이라고 예측했다.[1]

이처럼 고령인구의 빠른 증가는 정부의 예산책정에 있어 노인 관련 재정부담을 증가시키고, 잠재성장률을 낮추는 등 국가적으로 해결해야 할 시급한 당면과제가 되었다. 이에 정부는 저출산 초고령사회에 대응하여 생산인력이 줄어들고 국가성장 동력이 약화되는 것을 해결하는 하나의 방안으로 생산연령 나이 기준 상향을 고려하고 있다.

정부가 저출산·고령화에 대응하기 위해 우리나라 생산연령인구 나이 기준을 '15~64세'보다 늘리는 방안을 추진한다. 일하는 인구가 급감하면 경제성장동력이 빠르게 약화하기 때문에 65세 이상 인구도 경제활동을 지속할 수 있도록 하겠다는 것이다. 현행 60세인 정년을 연장하는 논의도 본격 시작될 것으로 보인다. 21일 기획재정부에 따르면 내년에 출범하는 '제4기 인구정책 태스크포스(TF)'는 주요 추진과제로 생산연령인구를 15~69세로 확대하는 방안을 담을 예정이다. 기재부 관계자는 "(연령 기준 상향은) 단순히 고령자가 경제활동에 참여하는 것을 떠나 여러 복지체계와도 밀접하게 연결돼 있기 때문에 사회적 논의가 바탕이 돼야 한다."며 "올해 처음으로 인구감소가 시작된 상황과 관련해 내년에는 연장 논의를 본격적으로 하게 될 것"이라고 말했다.[2]

위 인용에서 보듯 생산연령 상향에 대한 논의는 계속 이어질 것이고, 정부에서 공식적으로 생산연령을 높이지 않는다 해도 노인 스스로 경제활동에 참여하는 비율은 점점 더 높아질 것이다.

　현재 60대~70대는 과거의 60~70대와 완전히 다르다. 젊은 노인, 신(新) 노인이 나타난 것이다. 의료기술의 발달과, 건강한 노화(well-aging)에 대한 높은 관심, 국가 건강검진 시스템 덕에 평균수명이 길어진 현재 노인들은 과거 노인들과 비교하면 10~20년은 더 젊은 신체를 유지한다.

　100세 시대에 50대 은퇴 후 남은 인생 후반기를 자원봉사, 문화생활, 자기 계발 등의 적극적인 사회 활동으로 이어가는 노인이 많아진 것이다. 노인 스스로 경제적인 여유와 잉여 인간이 아닌 사회구성원으로서 존재가치를 증명하고, 자아 발전을 위해 적극적으로 경제활동에 참여하려 한다.

　이런 신(新) 노인들이 경제활동을 비롯한 사회 활동에 참여할 때 가장 중요한 것은 건강한 정신과 신체임은 말할 필요도 없다. 특히 건강한 신체와 활발한 의사소통 능력을 갖췄다면 사회 활동에 수월히 참여할 수 있을 것이다.

　의사소통이란 사전적 의미로 '가지고 있는 생각이나 뜻이 서로 통하는 것'을 말한다. 자기 의사를 상대방에게 잘 전달하기 위해 '무슨 말을 할 것인가'가 무척 중요한 것은 틀림없다.

하지만 말의 내용 즉 메시지(message)보다 어떻게 보이고 들리느냐? 즉 시각이나 청각적 요소가 더 중요하다는 주장이 있다. 스피치(Speech), 커뮤니케이션(Communication) 분야에서 많이 쓰이는 '메라비언의 법칙'이라는 것이 그것이다.

메라비언의 법칙 〈The Law of Mehrabian〉[3]

대화에서 시각과 청각 이미지가 중요시된다는 커뮤니케이션 이론. 한 사람이 상대방으로부터 받는 이미지는 시각이 55%, 청각이 38%, 언어가 7%에 이른다는 법칙이다…. (중략)….

시각이미지는 자세·용모와 복장·제스처 등 외적으로 보이는 부분을 말하며, 청각은 목소리의 톤이나 음색(音色)처럼 언어의 품질을 말하고, 언어는 말의 내용을 말한다. 이 이론에 따르면, 대화를 통하여 상대방에 대한 호감 또는 비호감을 느끼는 데에서 상대방이 하는 말의 내용이 차지하는 비중은 7%로 그 영향이 미미하다. 반면에 말을 할 때의 태도나 목소리 등 말의 내용과 직접적으로 관계가 없는 요소가 93%를 차지하여 상대방으로부터 받는 이미지를 좌우한다는 것이다.

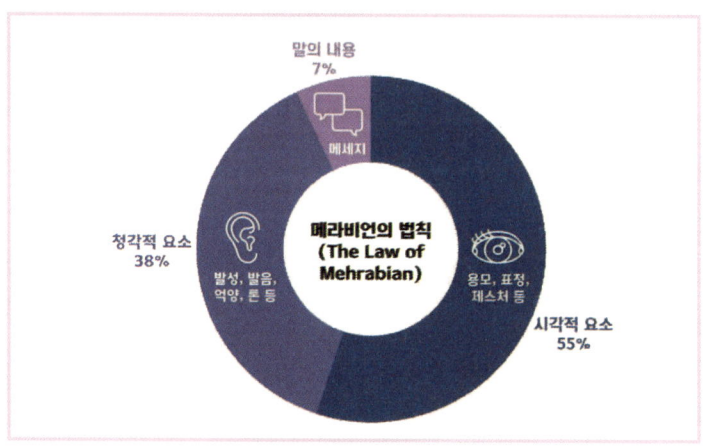

그림1 : 메라비언의 법칙

　위에서 보듯 시각적 이미지가 55%로 의사소통에 있어 가장 많은 영향을 끼친다. 호감 가는 외모, 바른 자세, 때와 장소에 맞는 옷차림, 적절한 제스처 등이 성공적인 의사소통을 위해 가장 중요한 부분이다.

　남은 45% 중 말의 내용이나 의미(message)는 7%로 의사소통에 큰 영향을 미치지 않는다. 더 중요한 것은 메시지를 전달하는 목소리의 톤이나 음색 같은 소리, 즉 청각적 측면이다. 듣기 좋은 음성과 정확한 발음으로 음악을 듣듯 리듬 있게 말하는 사람이 거칠고 탁한 음성에 뭉개진 발음을 쓰는 사람보다 의사소통에 성공할 확률이 높은 것은 당연한 것 아닌가?

그럼 의사소통에 문제가 생겼다는 것은 무엇인가? 의사소통에 있어 장애를 연구하는 언어병리학에서는 의사소통 장애의 요소로 음성, 조음, 언어, 유창성, 청각을 꼽고 있다.

> 인간의 의사소통과 장애에 대한 이해, 그리고 장애에 대한 평가와 치료를 연구하는 언어병리학에서는 일반적으로 의사소통장애의 요소로 음성, 조음, 언어, 유창성, 청각을 꼽고 있다. … (중략) … 즉 의사소통이란, 발성의 원동력을 제공하는 호흡능력, 발성기관을 사용한 음성능력, 조음기관을 움직여 소리를 만드는 조음능력, 언어의 의미적 요소를 고려하여 단어와 문법을 선택하고, 문장을 구성하며 발화규칙에 따라 사회적으로 사용하는 언어능력, 그리고 정상적인 의사소통을 위해 필수적인 청각능력, 이렇게 각각의 영역들이 함께 기능하여 효과적인 의사소통이 이루어질 수 있다. 따라서 상기 언급한 능력 중, 한 가지 능력이라도 제대로 기능할 수 없을 경우, 바람직한 의사전달이 저해될 수 있다.[4]

노화는 위에서 밝힌 의사소통의 모든 영역에서 변화를 가져온다. 발성의 원동력을 제공하는 호흡이 젊은 시절에 비해 얕아져 자주 숨을 쉬어야 한다. 발성기관을 사용하는 음성은 거칠어지고 쉰 듯한 목소리가 나오며, 발음기관을 움직여 소리를 만드는 조음 능력은 발음이 어눌해지고 뭉개진다. 언어를 이해하고 표현하는 것이 어려워지고, 귀가 잘 들리지 않는다. 이러한 변화는 노인 삶에 부정적 영향을 미치고, 사회 활동에 소극적으로 만들어 단절과 고립을 부른다.

이처럼 노화는 목소리의 변화를 초래하고, 노인에게 음성 장애가 발생하더라도 스스로 노화로 치부하여 적절한 치료를 받지 않아 더욱 악화시키는 일도 있다. 실제 만 65세 이상 연령층에서 음성 장애 출현율은 전체 노년층의 20% 정도로 5명 중 1명은 가볍든, 심각하든 음성 장애가 나타날 수 있다. 또한 객관적 검증에 의한 음성 장애가 아니더라도 스스로 음성에 문제가 있다고 주관적으로 느끼는 노인들은 10명 중 6~8명이나 된다고 한다.

만 65세 이하 인구의 6.6%가 음성 장애가 있는 것으로 추정되는 반면 만 65세 이상 노령인구는 약 20~29%가 음성 문제를 호소하고 있으며, 음성 문제는 노인의 사회 참여와 삶의 질에 부정적 영향을 미치기 때문에 주요한 문제로 인식되고 있다[5]

노인의 음성장애 출현지수에 대한 해외연구를 살펴보면 음성장애로 평가된 노인의 수는 전체 노년층의 약 20%로 보고 있으며 (Pontes, Brasolotto, & Behlau, 2005) 국내 음성장애 출현지수를 연구한 송윤경(2012)의 연구에 따르면 부산지역 노인 중 60~80%가 자신의 음성에 문제를 느끼고 있고 이 중 음성분석기기를 통한 객관적인 검사에서 30~40% 정도가 음성장애 출현율을 보였다.[6]

그렇다면 음성 노화는 노화에 따른 자연스러운 변화이니 당연히 받아들이고 순응해야 하는 것일까? 물론 아니다. 노화는 누구에게나 오지만 주민등록상의 나이와 신체적 나이는 다르다.

같은 나이라 하더라도 활동량과 운동량이 많은 노인의 음성이 훨씬 젊은 음성으로 인식되었고, 직업적으로 음성을 사용하는 사람들의 주파수 변화가 적었다. 주파수 변화가 적다는 것은 노화된 음성의 특징이라 할 수 있는 거친 소리가 나오지 않는다는 뜻이다.

음성 변화의 주된 원인은 호흡 및 발성과 관계된 구조 및 기능의 노화이므로, 개인의 노화 정도에 따라 음성의 변화에 차이가 있을 수 있다. 따라서 음성의 노화는 개인에 따라 매우 다양한 속도와 정도의 차이를 보인다. 예를 들어, 일상생활에서 활동량이 많고 운동을 규칙적으로 하는 노년층과 활동량 및 운동량이 적은 노년층을 대상으로 음성을 비교한 결과, 같은 역연령(歷年齡, chronological age)이라 하더라도 활동량이 많은 그룹의 음성이 그렇지 않은 그룹에 비해 훨씬 젊은 음성으로 인식되었다.[7]

가수처럼 직업적으로 음성을 사용하는 훈련된 성대의 기본주파수는 보통 사람들이 보이는 연령에 따른 주파수의 변화가 좀 더 미미하거나 없는 경우가 많다. 이러한

특성은 노인성 음성 변화를 치료하는데 치료원칙을 세우고 방침을 정하는데 참고할 수 있는 사항이다.[8]

젊음을 유지하기 위해 주기적인 운동과 식습관 조절을 하듯, 의사소통을 위한 음성의 각 영역도 노화되지 않도록 다양한 음성 훈련과 스피치 훈련을 통해 유지 개선할 수 있다.

이는 액티브 시니어(active-senior)로서 생산 시장에서 경쟁력을 갖추고, 여가와 문화생활에 있어 자기 계발을 도모하며, 자존감을 높여 활기찬 노후를 보낼 수 있도록 도와줄 것이다.

그럼 먼저 노화로 인한 각 의사소통 영역의 변화를 정확히 이해하고, 나아가 보이스 트레이닝을 통해 젊은 목소리를 유지하는 방법, 스피치 훈련으로 시니어의 자기표현 능력을 발전시키는 방법을 살펴보겠다.

고령자(高齡者)는 호적이나 주민등록과는 상관없이 만 65세 이상을 부르는 용어로 정부 통계나 노년학(老年學)에서 주로 사용하는 용어이다.

실버(Silver)는 노인이라는 단어가 갖는 부정적 이미지를 없애기 위해 고안된 용어이다. 직장에서 퇴직한 뒤 연금이나 퇴직금 등으로 생활하거나 자식들이 주는 용돈으로 여생을 보내는 노인들을 일컫는다.

시니어(Senior)는 50대 이상을 일컫는 말로 산업이나 마케팅 측면에서 실버세대 보다 좀 더 젊은 이미지를 상기시키기 위해 일반적으로 쓰이고 있다.

이외에도 과거와는 확연히 다른(!!!) 요즘 나이

든 사람들을 지칭하는 신조어가 다양한바 아래와 같이 소개한다.

1. 액티브 시니어 (Active Senior)[9]

은퇴 이후에도 하고 싶은 일을 능동적으로 찾아 도전하는 50~60대를 일컫는 말로, 적극적으로 소비하고 문화 활동에 나선다는 점에서 '실버세대'와 구분된다.

이들은 외모와 건강관리에 관심이 많고 여가 및 사회 활동에도 적극적으로 참여한다. 어모털족과 비슷하다고 할 수 있겠다. 2020년 5월 문화체육관광부와 국립국어원은 '액티브 시니어'를 대체할 우리말로 '활동적 장년'을 선정했다.

액티브 시니어의 가장 큰 특징은 소비다. 이들은 넉넉한 자산과 소득을 바탕으로 이전 노년층과 달리 자신에 대한 투자를 아끼지 않는다. 삼성경제연구소는 액티브 시니어가 본격적으로 실버층으로 진입하는 2020년에는 이들의 소비 시장이 약 125조 원에 달할 것으로 예측했다.

2. 뉴실버세대 (new silver generation)[10]

정년퇴직 후에도 소일거리로 여생을 보내지 않고 활발한 활동을 하면서 사회적·경제적 영향력을 행사하는 고령자 세대.

뉴실버세대는 실버세대와 달리 소일거리로 여생을 보내지 않고, 손자를 돌보며 집안에만 갇혀 있지도 않는다. 적극적으로 일자리를 개척하고, 그동안 사회에서 쌓은 경험과 삶의 지혜를 사회에 돌려주기 위해 노력하며, 스포츠·여행 등 건강과 여가를 즐기기 위한 동적인 활동에도 적극적이다. 1945년 이후에 태어난 전후세대가 속한다. NS(nS)세대로 줄여 부르기도 하고, 황금세대라고도 한다.

3. 네오실버 (Neo-Silver)[11]

네오실버란 젊은 세대의 라이프스타일을 공유하며 소비에도 적극적인 신세대 장·노년층을 말한다.

네오실버는 어느 정도 자산을 갖고 있으며, 브랜드와 소비생활에 대한 이해력이 높고 디지털 기기와 인터넷 활용 능력도 갖추고 있는 소비계층이다.

4. 노노족 (no-老 族)[12]

노인 아닌 노인을 뜻하는 용어로 젊게 사는 실버세대, 즉 여간해서 잘 늙지 않는 사람이나 늙었어도 늙지 않은 것처럼 일상생활을 살아가는 사람들을 지칭한다. 노노족은 우리 사회의 급속한 고령화 현상에 기인하여 생겨났다. 즉, 기존 노인 이미지에서 벗어나 제2의 인생을 구가하는 젊은 50~60대를 일컫는 말이다.

일찍이 노년을 대비해 온 노노족은 탄탄한 경제력과 시간적인 여유를 기초로 하는 미래 5대 소비계층으로 각광 받는 실버산업·실버문화의 주인공으로, PC 통신 등 젊은이들의 문화를 수용하는 데 적극적이다. 노노족 중에서 조금이라도 PC를 사용할 수 있는 사람들을 가리켜 노티즌(老tizen)이라고 부른다.

5. 욜드(YOLD, young old)[13]

젊다는 의미의 영어 단어 'young'과 고령층이라는 의미의 영어 단어 'old'를 합쳐서 만든 '욜드 세대'는 이름이 시사하듯 젊지도 늙지도 않은 게 특징이다. 이들은 과거 60대에 비해 교육 수준이 높고, 경제적으로도 부유하며, 건강하다.

6. 스마트시니어(SMART Senior)[14]

SMART는 Sense, Money, Art, Re-Creation, Technology의 첫 글자를 딴 약칭이다. 즉 시대에 뒤떨어지지 않는 센스를 갖추고, 일정한 경제력이 있으며, 문화예술에 대한 관심이 높고, 여가 활동은 물론 자기 스스로를 재창조하는 활동을 적극적으로 하며, 발전하는 각종 테크놀로지에 거부감을 갖지 않고 주체적으로 수용하고 활용하는 시니어를 말한다.

7. 우피족 (Woopies)[15]

경제적으로 여유가 있는 노인을 일컫는 용어.

2003년 이후에 생긴 신조어로, 경제적으로 여유를 즐기며 사는 풍요로운 노인을 일컫는다. 우피는 'well-off older people'의 머리글자에서 딴 것으로, 부유한 노인을 뜻한다.

나이로는 50대 이상이고, 부모의 재산을 상속했거나, 자신의 돈으로 남은 여생을 풍족하게 살아갈 수 있는 노인을 말한다. 즉 자식들에게 신세 지지 않고 독자적인 생활을 영위할 수 있는 노인 세대를 가리킨다.

이들은 자녀의 양육도 거의 끝나고, 다른 연령층에 비해 저축액이 많아 소비에도 인색하지 않다. 우피족이라는 용어는 이러한 부유 노년층이 새로운 소비계층으로 떠오르면서 이들을 겨냥해 광고업계에서 붙인 명칭이다. 이런 점에서 뉴실버세대와 비슷하다.

8. 애플세대 (APPLE generation)[16]

나름대로 활발한 사회 활동(active)하고 자부심(pride)이 강하면서도 경제적·시간적으로 여유와 안정

(peace)을 지니고 있으며, 고급문화(luxury)를 추구하는 노년층을 일컫는 말이다. 이들은 단순히 노년층을 이르던 종전의 실버세대와는 다른 형태의 새로운 문화를 창출해내는 '창조의 세대'로 일컬어진다.

9. 실버 서퍼 (silver surfer)[17]

인터넷, 스마트폰 등 스마트기기를 능숙하게 조작하는 고령층을 일컫는 용어. 2010년대 중반을 전후하여 주요 선진국의 베이비 부머(baby boomer) 세대가 고령층으로 편입됨에 따라 여가시간이 충분하고 경제력이 있는 50·60세대가 스마트기기에 관심을 가지고 능숙하게 조작할 수 있게 되면서 이들을 지칭하기 위해 새롭게 만들어진 용어이다.

실버 서퍼는 차세대 IT 산업의 새로운 소비층으로 급부상하면서 영향력이 점차 확대되고 있다. 이로 인해 헬스케어 등과 관련된 신산업 시장이 창출되고 있다. 특히 《파이낸셜타임스(FT)》는 영국의 실버 서퍼가 자국의 스마트 산업을 키우는 데 영향을 미쳤다고 평가하였다.

또한 영국 방송통신 규제기관인 오프콤(Ofcom)의 연례보고서를 보면 영국 내 소셜네트워크서비스(SNS) 사용자 중 55~64세 연령대 사용자가 급증하고 있으며, 세계 4대 회계법인 중의 하나인 딜로이트(Deloitte)도 실버 서퍼의 온라인 뱅킹 이용률이 높아지고 있다고 보도한 바 있다.

10. 웹버족 (Webver)[18]

인터넷을 뜻하는 Web과 노인 세대를 지칭하는 Silver의 합성어로 디지털 라이프를 즐기는 정보화된 노인들을 일컫는 신조어다. 과거 유행한 실버 네티즌, 노(老)티즌 같은 말이 웹의 급속한 발전으로 한층 업그레이드된 셈이다.

이들은 단지 인터넷을 '사용'할 줄 아는 차원에 머물지 않고 각종 정보기술을 적극 '활용'하는 특성을 지녔다. 단순히 인터넷 서핑에 그치는 것이 아니라 블로그, 카페, 홈페이지 운영은 물론 전자상거래, 사이버 강의, 학위 취득 등 인터넷 영역에서 세상과 소통하며 사회 재참여도를 높여가고 있다.

이외에도 노인을 특정하는 용어에 부정적인 사람들을 고려해 '50+, 60+, 70+'로 세대를 구분 짓기도 한다.

이처럼 과거와 확연히 다른 신(新) 노인을 하나의 용어로 통일하여 특정 짓지 못한바, 저자도 이 책에서 노인을 지칭하는 용어를 다양하게 쓰고 있다.

먼저 통계나, 의학적 관점으로 사용될 때는 '노인', 주민등록상 나이에 비해 과거와 달리 젊고 건강한 65세 이상의 노인을 말할 때는 신(新)노인, 일반적 의미의 50대 이상을 의미할 때는 '시니어', 활동적이고 자기관리에 적극적으로 임하는 시니어들은 '액티브 시니어'로 지칭하였음을 밝혀둔다.

CHAPTER 1 노화로 인한 음성의 변화

많이 알려진 언어 연쇄라는 말이 있다. 예를 들어 A가 오랜만에 친구 B를 만났다. 반가운 마음에 잘 지냈는지 묻고 싶은 생각이 들고 이를 말로 하고 싶다.

이때 A 뇌의 좌반구 측두엽에 있는 베르니케 영역이 활성화되면서 올바른 말 조합을 떠올린다. "잘 지냈군!", "건강한가?", "오랜만이야?" 등등 수많은 조합을 떠올리지만, A는 "잘 지냈어?"를 선택한다.

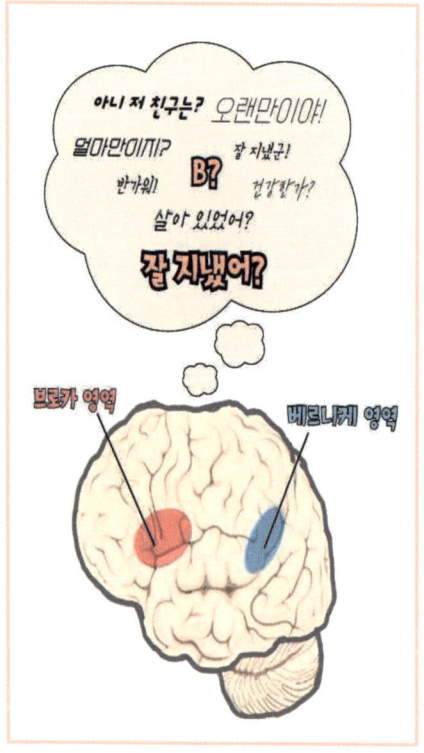

그림2 : 뇌의 좌반구 언어영역

"잘 지냈어?"를 선택한 뇌는 좌뇌의 전두엽에 있는 브로카 영역으로 신호를 보낸다. 브로카 영역에서는 "잘 지냈어?"라는 말을 하기 위해 신체를 움직이라는 지시를 한다.

먼저 숨쉬기 호흡이 아니라 말하기 위한 호흡을 들이마신다. 그리고 후두에 있는 성대를 움직여 진동시키고, 연구개, 혀, 입술 등을 움직여 "잘 지냈어?"라는 인사를 하게 된다. A는 자신의 말소리를 스스로 듣고(피드백 연결) 옳게 말했는지 인지한다.

이 인사는 대기 중의 공기를 진동하여 음파(sound wave)를 만들고 B의 귀로 들어간다. 음파는 B의 고막을 진동시키고,

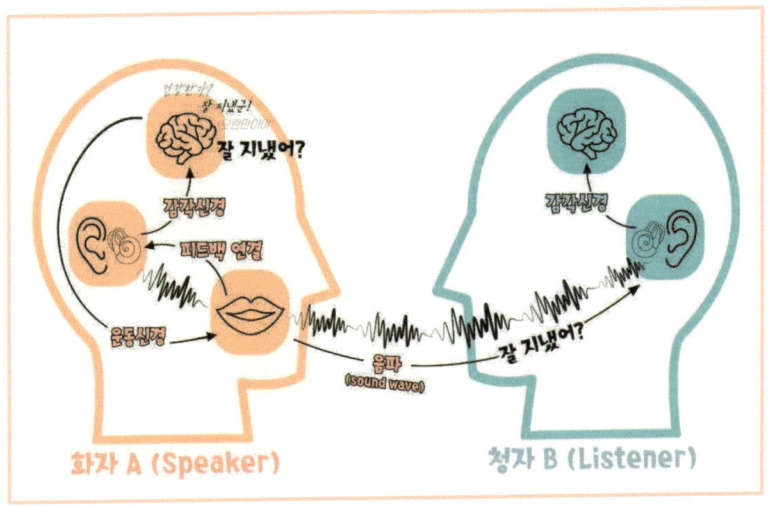

그림3 : 화자(話者)에서 청자(聽者)로의 언어 연쇄

중이(重耳)를 지나 내이(內耳)에 전달된다.

내이에 있는 달팽이관은 전달된 소리를 분석하고 신경계를 통해 뇌에 전달한다. B는 A가 자신에게 반가워 인사를 건넸음을 알고 "잘 지냈어, 자넨 어떻게 지냈나?"라고 답한다.

이처럼 말하고 듣고 말하는 과정을 언어 연쇄라 한다.

이때 말소리를 내기 위해 실질적으로 움직이는 것은 호흡, 발성, 발음 이 세 기관이다. 물론 의미 있는 말 하기뿐만 아니라 노래나, 앓는 소리, 감탄 소리 등 어떤 소리를 내더라도 호흡과 발성, 발음기관을 통해 나오게 된다.

이러한 언어 연쇄에서 말하고 듣는 과정에 사용되는 호흡, 발성, 발음기관과 청각기관이 노화로 인해 어떤 변화를 가져오는지 살펴보자.

　대표적인 장애가 실어증이다. 실어증은 흔히 중풍이라 말하는 뇌졸중과 같은 질환으로 발생하는 후유증이다. 뇌졸중은 뇌혈관이 막혀서 발생하는 뇌경색과 뇌혈관의 파열로 인해 뇌 조직 내부로 혈액이 유출되어 발생하는 뇌출혈을 통틀어 일컫는 말이다. 실어증은 뇌경색이나 뇌출혈이 발생한 부위가 언어영역일 때 발생한다.

실어증[19]

　대뇌의 손상으로 어릴 때부터 습득한 언어의 표현 또는 이해에 장애가 생기는 언어장애이다. 실어증은 듣고, 말하고, 읽고 쓰는 모든 언어영역에서 장애가 나타날 수 있다.

베르니케 실어증(Wernicke's aphasia; sensory aphasia, 이해 실어증), 브로카 실어증(Broca's aphasia: motor aphasia, 운동 실어증)이 대표적으로 그 특징에 대해 간단히 살펴보자.

베르니케 실어증은 유창하게 말하는 것 같지만 가장 뚜렷한 특징은 청각적 혹은 시각적으로 제시된 언어 자극에 대한 이해력이 상대적으로 떨어진다는 것이다. 반면 브로카 실어증은 청각적 이해력이나 문장 독해력은 비교적 좋은 편이나, 길고 복잡한 문장 구조를 이해하거나 '따라 말하기' 과제에서 어려움을 보인다.

아래는 실제 베르니케 실어증과 브로카 실어증 환자가 '알아듣기'와 '따라 말하기' 과제에서의 반응이다.

문항	베르니케 실어증	브로카 실어증
	T : 치료사　P : 환자	
알아듣기	T: 지금 이 방에 문이 닫혀 있습니까? P: 어, 언제 T: 지금 입고 있는 옷이 빨간 옷입니까? P: 아니야... 요거 요거 뻘건 게 아닌데 왜, 뻘건 사람은 이런 거 안 해주는 거지 퍼런 거지, 요게 퍼런 거지 요레 퍼런 거지... 요거요거 퍼런 거 언니는 T: 지금 안경을 끼고 계십니까? P: 아니 지금 안 해. 그거 T: 돌이 물에 가라앉습니까? P: 아니 T: 망치가 나무 자르는 데 쓰입니까? P: 나 그거 요새 안 해봤는데, 우리 집에 이렇게 보면 요새 T: 망치가 나무 자르는 데 쓰입니까? P: 그거 없어, 그런 거 우리	T: 지금 이 방에 문이 닫혀 있습니까? P: 어... 제.. T: 지금 입고 있는 옷이 빨간 옷입니까? P: 아니오. T: 지금 안경을 끼고 계십니까? P: 어... 아니오. T: 돌이 물에 가라앉습니까? P: ..... T: 망치가 나무 자르는 데 쓰입니까? P: 아니오.

	집에 없어 그런 거	
	T: 구두를 신은 후에 양말을 신습니까?	T: 구두를 신은 후에 양말을 신습니까?
	P: 어, 고거 해 줘야지 우리	P: 아니오.
	T: 목요일 다음 날이 금요일입니까?	T: 목요일 다음 날이 금요일입니까?
	P: 음	P: 예.
따라말하기	T: 밤 P: 밤, 밤 T: 코 P: 코, 코 T: 다람쥐 P: 다..람..쥐, 다..쥐 T: 해바라기 P: 하..라..버..지 T: 겨우 잠이 들었다 P: 그게 잘 안 된단 말이야 T: 그가 내 뒤를 몰래 밟았다 P: 누가... T: 칼날같이 날카로운 바위 P: 칼날, 칼날하고...이봐, 안 된단 말이야 T: 삼십과 이분의 일 P: 삼..이렇게 그게 안 된단 말이야 T: 아니 땐 굴뚝에 연기나랴 P: ...	T: 밤 P: 밤 T: 코 P: 오. 소. T: 다람쥐 P: 사.담.쥐 T: 해바라기 P: 새.사..사..새. 차.. T: 겨우 잠이 들었다 P: 서.저.골.차.비.즐.었타 T: 그가 내 뒤를 몰래 밟았다 P: 스.태.재.지.재.울.채.밟.았.타 T: 칼날같이 날카로운 바위 P: 칼.달.차.치.다시.. T: 삼십과 이분의 일 P: 삼십.파.시.빌.에 일. T: 아니 땐 굴뚝에 연기나랴 P: 아지 땐 성기 자자

I 호흡기관과 노화

말하기를 위해 제일 먼저 움직이는 기관은 폐이다. 일상적으로 생명 유지를 위해 조금씩 움직이던 폐는 말 하기를 위해서 생명 호흡보다 훨씬 많은 숨을 들이마시게 된다.

평소 조용히 호흡할 때 폐활량의 10% 정도 쓰던 것이 말할 때는 폐활량의 25% 정도를 쓰게 되며, 길게 말하거나 큰 소리로 말하게 되면 훨씬 더 숨을 많이 마시게 된다. 평소 생명을 유지하기 위해 폐를 둘러싼 근육은 수동적이지만, 말을 하기 위한 호흡에서는 능동적으로 움직인다.[20]

특히 가장 중요한 근육은 횡격막이다. 횡격막은 흉강과 복강을 나누는 근육으로 된 막인데 사발을 엎어 놓은 형태이다. 보통 호흡을 하는 방법에 따라 쇄골호흡, 흉식호흡, 복식호흡 세 가지 유형으로 나눈다.[21]

먼저 쇄골호흡은 쇄골이 들리며 얕은 숨을 쉬는 것으로 폐에 충분한 산소를 공급하지 못한다. 흉식호흡(가슴호흡)은 보통 많이 쓰는 호흡 방법으로 숨을 마실 때 가슴이 부풀고 배가 들어가며, 횡격막과 복근을 능동적으로 쓰지 않는 호흡이다. 마지막으로 복식호흡은 숨쉬기를 능동적으로 하는 방법으로 숨을 마실 때 횡격막과 복근을 쓰는 방법이다.

　복식호흡을 할 때 횡격막은 적극적으로 움직이는데, 숨을 들이쉬면 폐가 확장되고 흉강과 복강을 가로지르는 횡격막이 아래로 내려가, 내장을 밀어내 배가 나오게 된다. 숨을 내쉬면 복근이 배를 눌러주며 횡격막이 위로 올라가 폐의 압력을 높여 공기를 강하게 내보낸다.

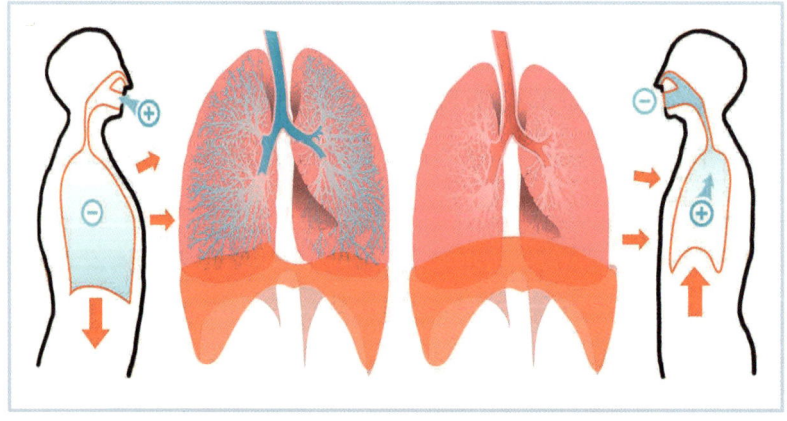

그림4 : 호흡을 마시고 뱉을 때 횡격막의 움직임
(좌) 흡기(吸氣) : 횡격막이 아래로 내려감
(우) 호기(呼氣) : 횡격막이 위로 올라감

　복식호흡은 CHAPTER 2. 시니어 보이스 트레이닝 Ⅱ 호흡 훈련, 1. 복식호흡(66쪽) 편에서 자세한 설명과 구체적 훈련 방법을 제시하겠다.

나이가 들면 폐 근육이 약화 되고 섬유질화 되어 탄력이 줄고, 폐와 호흡기관을 둘러싼 근육의 강도가 줄어든다. 노화는 폐 기능을 약하게 만들어 폐활량의 감소를 불러와 공기가 적게 나오게 한다.

이에 노인들은 몸에 필요한 산소량을 공급하기 위해 얕고 더 잦은 호흡을 하게 된다. 이와 같은 호흡기관의 변화로 노인들은 말할 때 자주 숨이 차거나 목소리가 중단되고, 바람 새는 소리 같은 음성 증상을 나타내게 된다.

II 발성기관과 노화

폐를 통과하여 기도를 통해 올라온 호흡은 목의 후두에 있는 성대의 진동을 통해 소리로 나오게 된다.

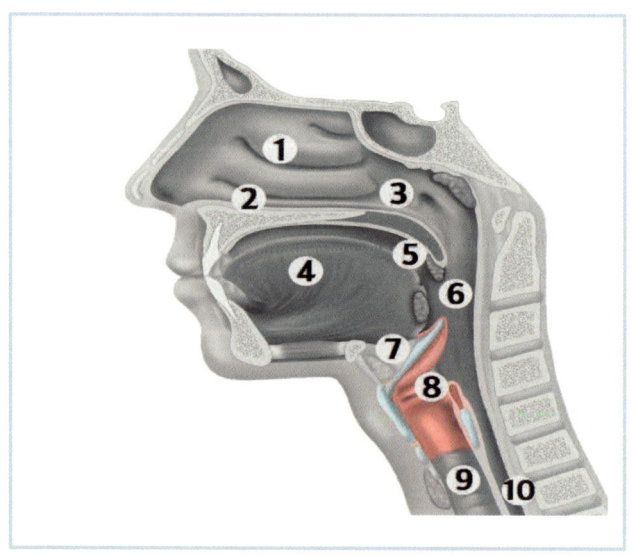

그림5 : 발성 발음 기관

1. 비강(鼻腔) : 비중격에 의해 좌우로 분리되는 콧속의 빈 곳.
2. 경구개(硬口蓋) : 입천장 앞쪽 단단한 부분
3. 연구개(軟口蓋) : 입천장 뒤쪽 연한 부분
4. 혀
5. 구강(口腔) : 입에서 목구멍에 이르는 빈 곳.
6. 인두강(咽頭腔) : 입 안의 끝부터 식도(食道)의 첫머리

사이, 위는 코안으로, 앞은 입안으로, 밑은 식도로 닿는 깔때기 모양의 빈 곳.
7. 후두개(喉頭蓋) : 기도와 식도가 나뉘는 부분에서 기도를 덮는 뚜껑처럼 생긴 기관. 음식물을 삼킬 때 기도를 덮어 음식물이 기도로 들어가는 것을 막는 역할.
8. 성대(聲帶)
9. 기도(氣道) : 호흡할 때 공기가 지나가는 길
10. 식도(食道) : 입으로 섭취한 음식물을 위로 보내는 통로 역할 하는 기관.

성대(vocal cord)는 좌우 대칭으로 이루어진 인대를 포함하는 한 쌍의 점막이다. 성인 남성의 성대 길이는 약 17~20mm, 성인 여성은 약 11~15mm 정도이다. 성대는 후두에 연결된 5개의 근육으로 움직인다. 평상시에는 'V'자 형태로 성대가 열려 숨을 쉬고, 말할 때는 떨어져 있던 양쪽 성대 점막이 'I'자로 붙어 진동하며 소리를 만들어 낸다.

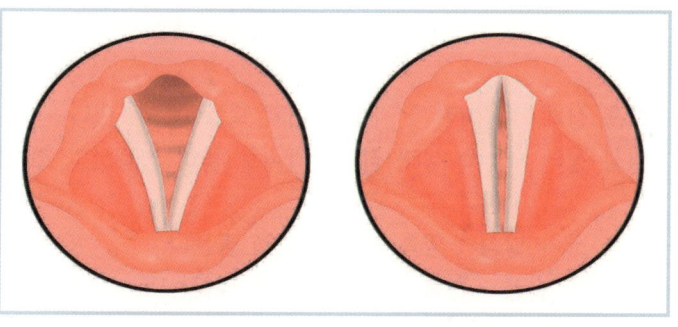

(좌) 호흡할 때 성대   (우) 발성할 때 성대

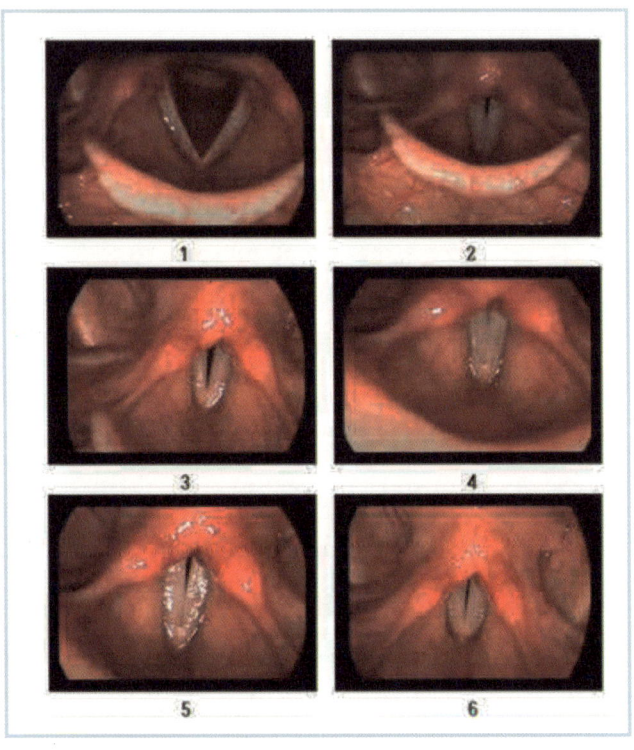

그림6 : 후두 스트로보스코프를 이용해
관찰한 성대 모습

1. 호흡 상태 : 성대가 'V'자로 벌어져 숨을 쉴 수 있다.
2. 발성 상태 : 양쪽 성대 점막이 'I'자로 붙어 진동하며 소리를
              낸다.
3. 보통 크기 발성 : 양쪽 성대가 얇게 붙는다.
4. 큰 소리 발성 : 양쪽 성대가 강하게 맞붙는다.
5. 고음 발성 : 성대 길이가 길어진다.
6. 저음 발성 : 성대 길이가 짧아진다.

나이 들면 후두는 딱딱해지고, 성대의 움직임은 느리고 무뎌진다. 성대를 움직이는 근육은 얇아지고 탄성이 떨어져 성대가 휘는 현상이 나타난다. 성대가 휘는 증상은 남성에게 더 많이 나타난다.

이외에도 분비샘이 감소하면서 성대가 마르고 뻣뻣해진다. 구강의 타액선과 점막 점액선의 분비량 감소로 인해 인두와 후두 점액의 점도가 끈끈하게 증가하게 되어 성대의 윤활 작용을 방해함으로써 성대 점막의 진동에 악영향을 미친다. 이러한 성대의 노화는 두 개의 성대가 완전히 밀착하지 못하게 만들어 불규칙한 소리가 나오거나 바람 빠진 소리가 나오게 만들기도 한다.22)

III 조음기관과 노화

　성대의 진동으로 만들어진 소리는 공명 기관인 목구멍 뒤쪽의 인두강과 코안의 비강, 입 안의 구강을 통해 증폭되고 조음기관을 움직여 우리 귀가 알아들을 수 있는 말소리를 내게 된다.

　조음기관은 말소리를 내기 위해 움직일 수 있는 구조인 입술, 혀, 아래턱, 연구개 등과 움직일 수 없는 치아, 경구개 등으로 이루어져 있다.

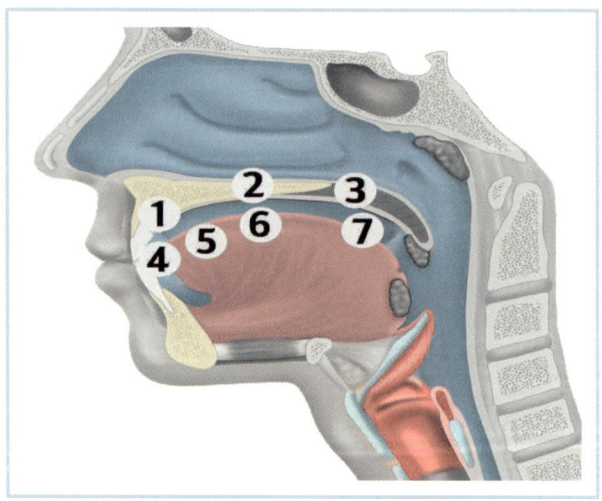

그림7 : 조음기관

1. 치경(齒莖) : 잇몸
2. 경구개(硬口蓋) : 입천장 앞쪽 단단한 부분
3. 연구개(軟口蓋) : 입천장 뒤쪽 연한 부분
4. 설첨(舌尖) : 혀 앞 끝부분
5. 전설(前舌) : 혀 앞쪽
6. 중설(中舌) : 혀 중간
7. 후설(後舌) : 혀 뒤쪽

나이가 들면 말 속도가 느려지고 멈추는 현상이 증가하며, 말의 명료도가 떨어져 부정확성이 증가한다. 이는 말이 나올 수 있게 자동으로 조절해 주는 신경운동 작용의 구조적, 생리적 변화로 인해 구강 기관의 피드백이 감소하여 나타날 수 있으며, 나이가 들면서 자극에 대한 민감성이나 진동 감각이 감소함에 따라 구강에서 자극을 감지하는 데 어려움을 보인다.[23]

또한 조음 교대 운동 속도가 느려진다. 조음 교대 운동은 조음기관 움직임의 범위, 속도, 규칙성, 정확성, 민첩성 등을 알아보는 검사로 '퍼터커'를 반복하는 '일련 운동 속도' 과제와 '퍼퍼퍼…', '터터터…', '커커커커…' 같이 일 음절을 반복하는 '교대 운동 속도' 두 가지 과제로 파악한다.

노화가 진행되면 노인들은 청년들과 비교해 일련 운동 속도, 교대 운동 속도 둘 다 느려진다.[24]

Ⅳ 청각기관과 노화[25]

노인성 난청은 나이가 들어 생기는 달팽이관 신경세포의 퇴행성 변화로 청력이 떨어지는 퇴행성 질환이자 감각신경성 난청의 한 유형이다.

감각신경성 난청은 내이(內耳)의 달팽이관의 소리를 감지하는 기능에 이상이 생기거나 소리에 의한 자극을 뇌로 전달하는 청신경 또는 중추신경계의 이상으로 발생하는 난청을 말한다.

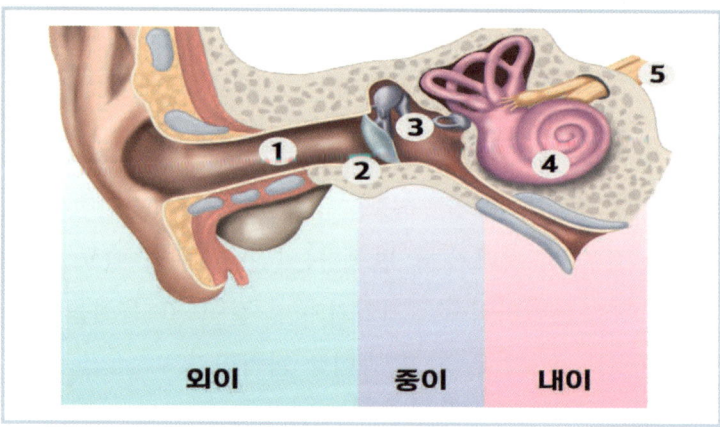

그림8 : 귀의 구조

1. 외이도(外耳道) : 귀의 입구에서 고막에 이르는 관
2. 고막

3. 이소골(耳小骨) : 소리의 진동을 고막에서 내이로 전달하는 역할
4. 달팽이관 : 듣기를 담당하는 청각기관
5. 청각신경

노화현상으로 나타나는 감각신경성 난청의 발생 연령과 진행 정도는 유전적 요인과 주위 환경에 의해 결정되고 특별한 치료 방법이 없다.

노인성 난청은 65세 이상에서 양쪽 귀에 비슷한 정도로 감각신경성 난청이 있으면서 귀의 질환이나 소음 노출 등 청력이 약화할 수 있는 병력이 없는 경우에 진단한다.

노인성 난청은 노인인구의 약 30% 정도에서 발견되는 흔한 질환이다. 노인성 난청의 인구 비율은 65~75세는 25~40%, 75세 이상은 38~70%로 나이가 들면서 많아지고 난청의 정도도 심해진다.

청력은 나이가 들면서 점차 감소한다. 청력 감소는 대략 30대부터 시작되지만, 말소리를 듣는 데 중요한 주파수 영역이 감소하여 잘 안 들린다고 느끼기 시작하는 때는 40~60대이다.

남성의 청력이 더 일찍 약화 되고, 청력 감퇴의 속도도 남성이 두 배 정도 빠르다. 특히 고주파 영역에서 감퇴가 여성보

다 심한데, 이 영역의 난청은 말소리를 구별하는 능력에 지장을 준다.

노인성 난청은 갑자기 발생하기보다 양쪽 귀가 점차 안 들리게 된다. 노인성 난청 초기에는 고음을 듣는 능력이 떨어지고, 노화가 진행되면서 저음 영역으로 확대된다.

청력장애로 인해 나타나는 의사소통 문제는 다양한데 기본적으로 손상의 원인, 위치, 그리고 손상 정도에 따라 다르다. 상대방이 적절하고 충분히 큰 소리로 말해도 대화를 듣거나 이해하는 데 어려움이 있고, 대화 시 중요한 단어를 듣는 데 실패하게 되며, 큰 소음이 있거나 여러 사람이 말을 하는 상황과 같이 듣기 환경이 좋지 않을 때 말을 이해하는 능력이 떨어지게 된다.

또한 같은 단어라 할지라도 음소의 조음위치나 주파수 범위에 따라 잘 변별할 수 있는 소리가 달라지는데 특히 고주파수의 자음을 인지하는데 어려움을 보인다.

고음 영역은 자음과 모음 중 자음을 알아듣는 데 주로 관여하기 때문에, 난청의 초기 단계에서 고음 영역의 청각 장애가 발생하면 '밥', '밤'과 같이 비슷한 말을 구별하기 어렵다. 음정이 높은 여자와 아이들의 목소리를 듣는 것이 어렵고, 시끄러운 곳에서 말을 알아듣기 어렵다.

　　난청이 진행해 저음 영역으로 확대되면 본격적으로 소리를 감지하는 능력이 떨어진다. 다른 사람의 말이 웅얼거리거나 얼버무리는 것처럼 들려, 때로는 자신이 잘 듣지 못하는 것을 받아들이지 않고 다른 사람의 발음이 정확하지 못하다고 탓하기도 한다. 난청 환자는 볼륨을 높여야 적당한 소리로 들리기 때문에 TV나 라디오 등의 볼륨을 크게 올리게 된다.

　　또한 노인성 난청은 본인의 말소리도 크게 말해야만 적당한 크기로 느껴져 목소리가 커지기도 한다. 작은 소리는 안 들리고, 큰 소리는 지나치게 시끄럽게 들려 불편하게 느낄 수 있으며, 한쪽 또는 양쪽 귀가 울리거나 '삐-' 또는 '쉿쉿' 하는 이명이 생기기도 한다.

　　높은 소리의 경보음을 잘 알아듣지 못하거나, 소리의 방향을 감지하기 어렵게 되면 위험 신호를 빨리 받아들이지 못해 위험에 처할 수 있다.

　　노인성 난청은 사회생활에 방해가 되며 가족 간의 교류에도 지장을 준다. 난청이 있는 노인은 사회적으로 고립되면서 외로움과 우울감을 느끼기 쉽고, 이에 따라 삶의 질이 떨어진다.

정상 청력을 가진 노인의 경우, 소음이 있는 환경에서만 말 지각 능력이 감소하나, 청력장애가 있는 노인의 경우에는 조용한 듣기 환경에서 단어를 듣고 확인하는 데에도 어려움을 겪는다. 이러한 어려움으로 인해 노인들은 당황과 좌절을 겪게 되며, 결국 대화를 포기하게 된다.

이렇게 청력장애가 있는 노인들의 경우에는 일반적인 말 속도보다 좀 더 느린 문장의 사용, 특히 자음을 길게 발음해 주는 것이 내용을 이해하는 데 도움을 준다.[26]

V 노화로 인한 음향학적 변화[27]

음향학적 분석(acoustic analysis)은 발성의 질을 음도, 강도, 음질의 측면에서 객관적으로 분석해 보는 것이다. 음향학적 분석은 연령별 객관적 수치 측정과 데이터 축적이 가능하기에 정상과 병리적 기준을 나눌 수 있다. 또한 이를 통해 노화로 인한 음성의 변화를 객관적으로 평가해 볼 수 있다.

1. 음도 (pitch)

먼저 음도는 목소리의 높낮이를 말하고 Hz(헤르츠)로 표시된다. 성대가 짧고, 느슨하고, 두꺼워질수록 저음이 되고, 성대가 길고, 팽팽하고, 얇아질수록 고음이 된다. 〈그림6 : 후두 스트로보스코프를 이용해 관찰한 성대 모습(42쪽) 5, 6번 참고〉

정상범위의 음도는 남성 125±20Hz로 음계로 치면 '시(B2)' 정도이고, 여성은 220±20Hz로 음계로 '라(A3)' 정도이다. 나이가 들면서 노화에 의해 정상 범주의 음도라 하더라도 여성과 남성의 음도는 변한다.

남성의 음도는 65세 이후 점차 증가하고, 여성은 갱년기 이후 음도가 감소한다. 60~80대의 음도는 남성 143.95Hz로 음계로 치면 '레(D3)'로, 여성은 185.42Hz로 음계로 치면 '파#(F3#)'이다. 남성은 두 음 정도 높아지고, 여성은 두 음 정도 낮아진다.

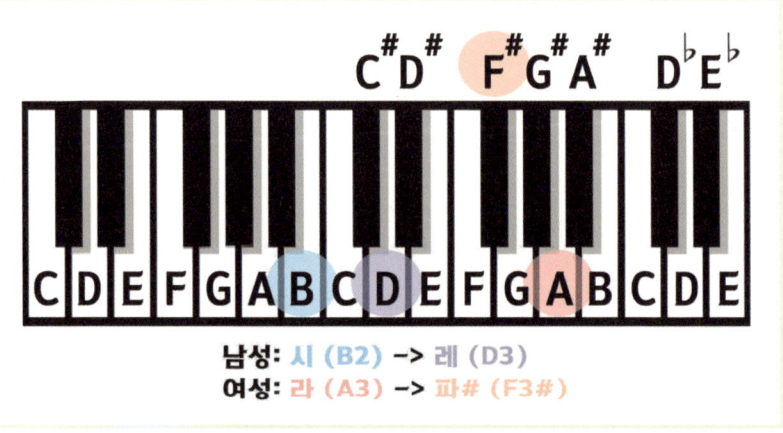

그림9 : 남성·여성의 음도변화

여성의 음도가 낮아지는 이유는 호르몬이 변화하면서 성대가 두꺼워지기 때문이다. 반면 남성의 경우에는 70세까지는 성대가 점차 두꺼워지나 이후에는 약화 되면서 오히려 음도가 높아진다는 보고도 있고, 여성과 마찬가지로 낮아진다는 보고도 있다.[28]

2. 강도

 강도는 목소리의 크기, 세기를 말하는 것으로 데시벨(dB)로 표시된다. 양쪽 성대 점막이 가볍게 붙어 진동하면 작은 소리로 나오고 세게 부딪혀 진동하면 큰 소리가 된다. 〈그림6 : 후두 스트로보스코프를 이용해 관찰한 성대 모습(42쪽) 3, 4번 참고〉

 조용한 도서관이 40dB이고, 보통 대화 수준은 60dB이다. 지하철 내 소음, 시위할 때 확성기 소리는 80dB이고 확성기 소리가 80dB 이상이면 경찰 단속 대상이 된다.

 또한 아이 우는 소리나, 도로공사 굴착기 소음은 90dB, 자동차 경적은 110dB, 제트엔진의 소음은 150dB 이상이다.

 120~140dB 정도의 소리는 듣기에 고통스러운 수준이고 80dB 이상의 소음을 오랜 기간 지속해서 들으면 청각이 상실될 수 있다. 한번 손상된 청각은 회복 불가능하다.

강도는 나이가 들면서 남자는 세지고 여자는 작아지는 경향이 있다. 나이가 들면 노화로 인해 성대 근육의 힘이 약해져 큰 소리를 내기 힘들고, 속삭이는 소리가 아닌 아주 작은 강도의 소리를 내기 위한 섬세하고 효율적인 움직임을 만들기 어려워진다.

여성보다 남성의 경우 노화로 인해 성대의 휘는 증상이 더 많이 나타나는데 이는 성대의 불완전 접촉을 만들어 바람 새는 소리가 나오게 하는 원인이다. 이를 보상하기 위해 더 강한 압력을 넣고 말하게 되어 평균 강도보다 더 큰 소리를 내기도 하고, 청각의 약화로 자기 소리에 대한 피드백이 어려워 훨씬 큰 강도로 말하기도 한다.

3. 음질

음질은 목소리의 맑고 유쾌함의 정도를 말한다. 음질이 좋은 목소리는 소음이 적고, 울림이 많은 소리이다. 노화가 시작되면서 가장 문제 되는 것이 거칠고 탁한 음성으로 바로 이 음질의 변화이다.

노화된 음질의 대표적인 특징은 거친 음성(hoarseness), 바람 새는 소리(breathiness), 그리고 떨림(tremor)을 들 수 있다.

　이중 가장 눈에 띄는 점은 거친 음성인데 노인이 거친 음성을 내게 되는 이유는 여성의 경우, 폐경기 이후 호르몬의 변화로 성대가 두꺼워지고 후두 점막이 마르게 된다. 또한 폐 조직의 탄력이 감소하고 호흡근들이 약화 되면서 효율적으로 공기를 사용하지 못해 숨이 불규칙해지면서 거친 음성이 나온다.

　남성의 경우에는 노화로 후두의 연골이 딱딱해지고 성대조직이 약해져 힘없는 소리가 나오게 된다. 이를 보상하기 위해, 분비물의 감소로 마른 성대를 더욱 밀착시켜 말하게 되고, 밀착된 성대의 진동이 불규칙해지면서 결과적으로 거친 음성이 나오게 된다.

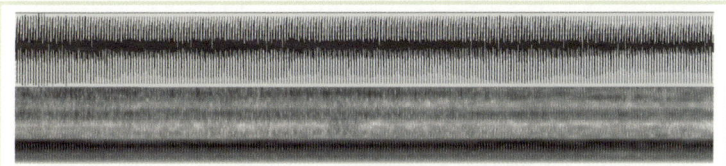

그림10 : 건강한 음질 '아'

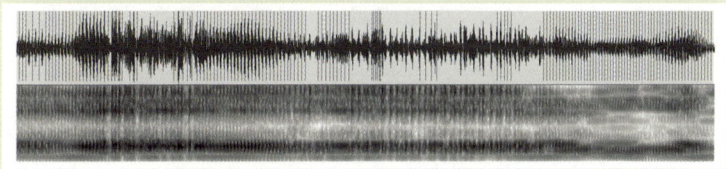

그림11 : 거친 음질 '아'

그림10과 11은 '아' 모음을 길게 발성했을 때 프라트(Praat : 말소리의 음성 과학적 분석을 위한 컴퓨터용 공개 소프트웨어)라는 프로그램을 이용하여 시각화한 것으로 건강한 음성은 음파(sound wave)가 균일하지만, 거친 음성은 음파가 불규칙하다.

다음으로 노화된 음성에서는 바람 새는 소리가 나타나는데, 이는 성별에 따라 차이가 난다. 남성의 경우, 젊을 때는 거의 보이지 않았던 바람 새는 소리가 나이 들면서 나타나기 시작한다. 그 이유는 노화로 인해 성대 구조 및 근육에 변화가 생겨 성대가 완전히 닫히지 않기 때문이다. 또한 성대가 완전히 닫히지 않는 것을 보상하기 위해 오히려 성대에 힘을 주어 긴장된 음성을 보이기도 한다.

반면, 여성의 경우에는 바람 새는 소리의 특징이 청년층과 노년층 여성 모두에게서 관찰되므로 노년층 여성만의 음질 특징으로 보기는 어렵다.

마지막으로 노화된 음성에서는 떨림도 자주 관찰된다. 호흡 기능의 약화 및 후두의 생리적 변화로 음도와 강도를 안정적으로 산출하기 어렵기 때문이다. 떨림이 많은 음성은 떨림이 적은 음성에 비해 청각적으로 더 노화된 음성으로 인식된다.

CHAPTER 2 시니어 보이스 트레이닝

I 좋은 목소리를 위한 습관

노화는 음성에 많은 변화를 가져오지만, 이를 조금이라도 지연시키고 젊은 음성을 유지하기 위해 평소 습관을 들여야 하는 것들이 있다. 좋은 음성을 유지하고 음성 장애 발생을 예방하는 차원에서 나이와 상관없이 누구라도 평소 습관을 들이면 좋은 방법이다.

1. 주의사항 ⊘

1) 큰소리를 내거나 소리 지르지 말기

큰소리를 낼 때 성대는 열리고 닫히는 폭이 크며 작은 소리를 낼 때보다 부딪히는 힘과 자극도 커진다. 그러므로 큰 소리로 말하는 것뿐만 아니라 큰 소리로 웃거나, 우는 것, 시끄러운 장소에서 말하는 것, 멀리 있는 누군가를 부르는 것 또한 자제하는 것이 좋다.

또한 격한 운동은 전반적인 신체 긴장과 함께 성대 또한 긴장하게 만든다. 이 상태에서 소리를 지르는 것은 보통 때 소리 지르는 것보다 성대에 부담을 줄 수 있으므로 격한 운동할 때 소리 지르는 것은 주의하는 것이 좋다.

2) 오랫동안 말하지 말기

정상 성인 남자는 발성 시 1초에 평균적으로 125회 정도, 여자는 220회 정도 진동하게 된다. 발성할 때 성대가 진동한다는 것은 그 횟수만큼 성대가 부딪힌다는 것이다. 그러므로 말을 전체적으로 적게 하는 것이 성대에 부담을 덜어주는 방법이다.

전화 통화를 길게 하는 것도 피하는 것이 좋다. 일반적으로 대면하여 의사소통할 때 실제 메시지는 음성과 더불어 눈과 표정, 몸짓으로 이루어지나 전화는 오로지 음성으로 메시지를 전달해야 하므로 더욱 선명하고 명확한 발성을 요구하게 된다. 그러므로 오랜 시간 말하거나 전화 통화를 줄이는 것이 성대에 좋다.

3) 공기 나쁜 곳에서 말하지 말기

성대는 기도의 입구에 위치하므로 공기 상태에 대해서도 밀접하게 반응한다. 그러므로 먼지가 많거나 매연이 심하거나 담배 연기가 자욱한 곳에서는 가능하면 말하지 말아야 한다.

지하나 창문이 없어 환기가 안 되는 장소를 피하고, 특히 미세먼지가 많은 날에는 반드시 KF80 이상의 마스크를 쓰도록 하자. 집에서도 자주 환기를 시켜 공기를 순환시키자.

4) 너무 자주 노래 부르지 말기

노래 부를 때 특히 고음에서 보컬 트레이닝을 받은 적이 없는 사람들은 소리를 지르는 경우가 많다. 고음을 낼 때 성대는 얇게 늘어나며 긴장도가 증가하게 된다.

노래는 고음과 저음이 반복되며 성대를 바쁘게 움직이도록 만들어 성대의 피로도를 증가시키게 된다. 노래를 부를 때 음을 맞춰 부르기 때문에 강도를 크게 하든 적게 하든 성대의 피로도는 변함이 없게 된다. 그러므로 가능한 노래를 자제하는 것이 성대의 건강을 위해서는 좋다.

5) 속삭이지 말기

속삭이는 소리는 성대가 앞은 닫혀 있지만, 뒤는 벌어져 있는 상태가 되기 때문에 그 열린 틈새로 폐 안의 공기가 상당한 양으로 새어 나가게 된다. 그 때문에 똑같은 폐활량을 가지고 이런 방법으로 소리를 낸다면 훨씬 더 지속시간이 짧아지게 된다.

또한 과도하게 후두에 힘이 들어간다. 그러므로 속삭이는 소리를 내는 것보다는 작은 소리로 편하게 발성하는 것이 더욱 좋은 방법이다.

6) 헛기침하지 말기

헛기침(목 가다듬기)은 성대를 갑자기 강하게 부딪치게 만드는 것으로 단 한 번만 잘 못 사용하여도 성대에 주는 부담은 매우 크다. 헛기침을 자주 하면 성대가 붓기 때문에 헛기침이 날 때는 침을 모아 삼키거나 물을 마셔서 헛기침을 자제하는 것이 좋다.

다만 감기로 인한 기침이나 알레르기에 의한 기침은 의도적으로 조절 가능한 것이 아니므로 이비인후과를 찾아 처방받는 것이 좋다.

7) 무거운 물건 들며 말하지 말기

무거운 물건을 들 때 복부에 힘이 가해지면 배의 압력이 증가한다. 이 상태에서 큰소리를 내면 복압으로 성대가 과도하게 접촉해 성대를 다치게 하는 요인이 될 수 있다. 또한 소리를 내지 않는다고 하여도 역시 성대에 가해지는 압력은 여전하므로 될 수 있으면 무거운 물건을 들며 동시에 말하는 것은 삼가야 한다.

무거운 물건을 드는 것은 아니지만 복부에 압력이 가해지는 상황은 화장실에서 힘주고 있을 때 밖에서 말을 걸면 어떻게 소리가 나오는지 생각해 보면 알 수 있다.

8) 카페인과 탄산음료 섭취 줄이기

커피나 홍차, 초콜릿, 코코아 혹은 고카페인 에너지 드링크 등 카페인 함유 음료들은 카페인 성분이 성대의 긴장도를 높이고, 이뇨 작용으로 인한 수분 부족으로 성대를 마르게 하므로 삼가는 것이 좋다.

9) 흡연 및 음주 금지

음주나 흡연은 성대 표면을 상당히 건조한 상태로 만든다.

특히 흡연은 담배에 포함된 갖가지 화학성분으로 성대와 폐를 상하게 하므로 절대적으로 금연을 하는 것이 좋다. 또한 음주는 알코올 성분이 모세혈관을 확장하게 만들어 성대를 붓게 만들므로 좋은 음성을 위해서는 절제하는 것이 좋다.

10) 식후 3시간 이내에 눕지 말기

이는 역류성 식도염을 방지하는 방법으로 위산이 역류하면 인두와 후두에 강한 자극을 주어 성대를 부식시킬 수도 있다. 이를 방지하기 위하여 취침 3시간 전에는 가능한 음식물을 섭취하지 말고, 음식물을 섭취한 후에는 바로 눕지 않는 것이 좋다.

2. 권장 사항 ✅

나이가 들면 노화로 인해 침이 마르고, 점막 점액선의 분비량 감소로 인해 인두와 후두 점액의 끈적한 점도가 증가하게 되어 성대가 부드럽고 촉촉하게 만드는 것을 방해함으로써 성대 점막의 진동에 문제가 생긴다. 이에 위의 주의사항을 잘 지키면서 성대를 촉촉하게 유지하는 방법을 습관화 시키는 것이 좋다.

1) 습도 조절하기

거주하고 있는 공간의 습도를 적절히 유지하기 위하여 건조한 날이나, 겨울철에는 가습기를 틀어놓는 것이 좋다. 또한 자주 창문을 열어 환기를 시켜 공기를 순환시켜 주는 것이 좋다.

2) 물 충분히 마시기

물은 성대 표면을 촉촉하게 해주며 성대가 부딪힐 때 완충 작용을 하므로 가능한 한 많이 마시는 것이 좋다. 단 한 번에 많이 마시기보다 조금씩 자주 마시고, 소변 색이 맑고 투명한 색이 될 정도까지 마시는 것이 좋다.

일일 권장량은 1.5L~2L 정도인데, 카페인이 들어간 커피나 차는 이뇨 작용을 일으키고 성대를 더욱 건조하게 함으로 성대 건강을 위해서는 생수로 수분을 보충하는 것이 가장 좋다.

3) 스팀 타월로 찜질하기

물을 마시면 성대 표면을 촉촉하게 해주나, 바로 식도로 넘어가기 때문에 기도에 영향을 주려면 어느 정도 시간이 필요하다. 그러나 따뜻한 수증기를 쐬어 주는 방법은 직접적으로 성대에 수분을 줄 수 있으므로 자주 시행해 주는 것이 좋다.

습포법은 수건을 물에 적셔 전자레인지에 1분 정도 돌려 너무 뜨겁지 않을 때 얼굴을 감싸고 심호흡하는 방법으로 1회에 3~4분씩 시간 날 때 자주 시행해 주면 좋다.

찜질하기 귀찮거나 따로 시간 내기 어렵다면 일상에서 뜨거운 물이나 차, 커피 등을 마실 때 따뜻한 김에 얼굴을 들이대자. (펄펄 끓는 물의 수증기에 얼굴을 들이대면 화상의 위험이 있으니 주의하자.)

따뜻한 수증기가 올라오면 얼굴을 들이대고 콧구멍으로 숨을 들이쉬거나 입을 벌려 수증기를 들이마신다. 이는 습포법 못지않게 성대를 촉촉하게 해줄 수 있는 좋은 방법이다.

	1	큰소리 내거나 소리 지르기 말기
	2	오랫동안 말하지 말기
	3	공기 나쁜 곳에서 말하지 말기
	4	너무 많이 노래 부르지 말기
주의사항	5	속삭이지 말기
	6	헛기침하지 말기
	7	무거운 물건 들며 말하지 않기
	8	카페인과 탄산음료 섭취 줄이기
	9	흡연 및 음주 금지
	10	식후 3시간 이내 눕지 말기
	1	습도 조절하기
권장사항	2	물 충분히 마시기
	3	스팀 타월로 찜질하기

표2. 좋은 목소리를 위해 평소 습관을 들여야 하는 것들

II 호흡 훈련

1. 복식호흡[29]

집에서 세차한다고 가정하자. 비누칠을 하고 물을 뿌릴 차례다. 멀리 물을 뿌리고 싶다면 호스의 끝을 엄지손가락으로 힘껏 잡거나 수도꼭지를 열어 물을 세게 트는 두 가지 방법이 있다. 말을 하는 것도 마찬가지이다.

크게 말하거나 오래 말할 때 충분한 호흡이 뒷받침되어야 하는데 많은 사람이 호스의 끝을 강하게 쥐는 방식을 택한다. 성대를 쥐어짜는 것이다. 호흡량이 적은 상태에서 성대를 강하게 부딪쳐 발성하는 이런 방식을 장기간 사용한다면 성대 결절이나 성대 폴립과 같은 성대질환을 불러온다.

반대로 호흡을 충분히 하여 성대에 부담을 주지 않는 것은 수도꼭지를 열어 수량을 풍부하게 하는 것과 같다. 이게 바로 복식호흡이다.

호흡근육은 흉곽 벽에 있는 16개의 근육(흉쇄유돌근, 외·내늑간근 등)과 횡격막에 있는 근육 1개(횡격막), 복부 벽에 있는

4개의 근육(복직근, 외·내 복사근, 횡격복근)으로 이루어져 있다. 보통 조용한 호흡에서 수동적으로 움직이던 호흡근육들은 말을 하기 위해 능동적으로 움직이는데, 특히 중요한 근육은 횡격막과 복부 벽의 근육들이다.

횡격막은 깊게 숨을 마실 경우, 평소보다 10cm나 더 많이 하강할 수 있다. 복부 벽에 있는 근육들은 횡격막이 내려올 때 탄성으로 받쳐 주고 임계에 이르면, 근육이 수축하여 복부의 압력을 높여 횡격막을 밀어 올려 폐 속의 공기를 내보낸다.

보통 일회 호흡 주기에서 들이쉬고 내쉬는 공기의 양은 500mL 정도이다. 폐활량(Vital Capacity)은 최대로 숨을 마실 수 있는 공기량으로 평균 4,600mL이고, 최대로 마실 수 있는 공기량을 뜻하는 흡기용량(Inspiratory Capacity)은 3,500mL이다.30)

보통 편안한 숨쉬기에서 500mL 생수병 한 병 정도의 공기를 마시고 뱉는다는 게 놀랍지 않은가?

더 놀라운 것은 호흡을 최대로 마시면 500mL 생수병 7개 정도의 공기를 더 마실 수 있다는 것이다.

　복식호흡은 횡격막과 복근을 능동적으로 훈련하여 호흡량을 늘리는 것이다. 나이가 들면 폐활량의 변화가 나타난다. 남성의 폐활량은 25세를 정점으로 약 5,350cc에서 50세에 5,090cc, 75세에 4,470cc로 떨어진다. 여성은 25세 3,930cc, 50세에 3,600cc, 75세에 2,940cc로 떨어진다.[31]

　노화로 인해 호흡이 부족할 경우 큰 소리로 말할 때 숨 쉬는 빈도가 증가하고, 말하지 않는 구간에도 공기가 소모된다. 노화로 인한 이런 변화를 조금이라도 줄이기 위해 호흡량을 늘려야 한다. 그 방법 첫 번째로 복식호흡을 익히고, 호흡이 늘어난 것을 확인해 볼 수 있는 최대연장 호흡 늘리기를 습관화하자.

1) 누워서 하는 복식호흡 1

　요가 매트를 깔고 무릎을 세워 천장을 보고 편히 눕는다. 수건을 돌돌 말아 목을 받쳐 주거나 낮은 베개를 벤다.

　양손을 포개 배꼽 아래에 올려놓는다. 어깨와 온몸에 긴장을 풀고 천천히 코로 숨을 들이쉰다. 공기가 코와 기도를 거쳐 폐를 확장하면서 횡격막이 아래로 내려가고 배가 부풀어 오른다.

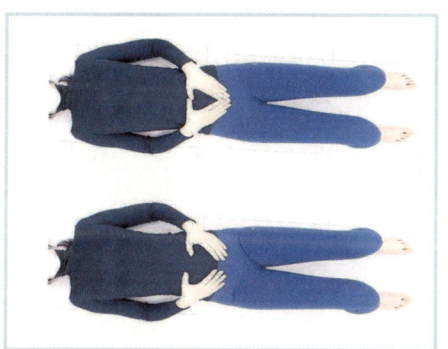

그림12 : 복식호흡
마시기 전(위)과 후(아래)

이때 어깨와 쇄골 등에 힘이 들어가거나 억지로 배를 내밀기 위해 허리에 힘이 들어가지 않게 한다. 허리는 바닥에서 떨어지지 않도록 한다.

충분히 마시고 더는 마시기 힘들다는 생각이 들 때 호흡을 입으로 내뱉는다. 이때 "쉬~~~"하는 무성음을 내면서 배를 밀어 넣어 등에 가깝게 붙이고 횡격막을 위로 올려 폐의 숨을 내보낸다.

호흡을 내뱉을 때 중요한 것은 복근을 활용하여 충분히 배를 집어넣는 것이다. 과하게 만들어진 식스팩은 오히려 방해된다. 부드럽고 탄력 있는 뱃가죽을 등뼈에 붙인다고 생각하고 숨을 참기 힘들다 싶을 정도로 내뱉는다.

이렇게 숨을 마시고 내쉬는 것이 가능해지면 속으로 천천히 숫자를 세어보자. 마실 때 '하나, 둘, 셋', 뱉을 때 '하나,

둘, 셋, 넷, 다섯' 정도면 출발이 좋다.

　다음은 호흡을 충분히 마시고 배가 부푼 상태에서 잠시 멈췄다가 입으로 뱉는다. 마시기 3초, 멈추기 5초, 뱉기를 7초에 맞춰보자. 7초에 맞춰 호흡을 뱉고 남은 것이 있다면 끝까지 뱉어주고 배가 등뼈에 가서 붙는 느낌까지 가보자. 마지막으로 크게 한숨을 쉬고 몸을 이완시켜준다.

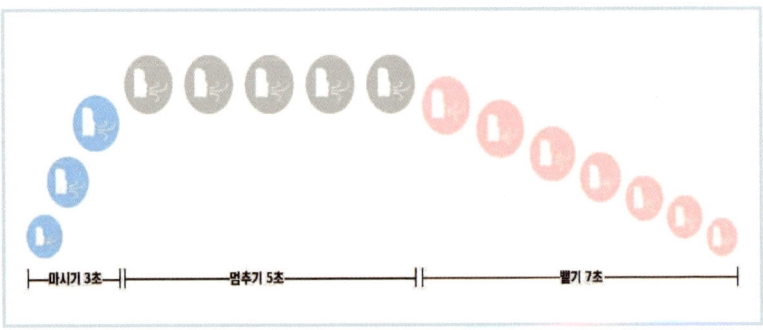

그림13 : 복식호흡 1회 과정

　복식호흡 1회 과정을 여러번 반복해 본 후 복식호흡이 가능해지면 다음과 같이 1세트 호흡을 해보자.

　1세트 : 남아있던 호흡 뱉기 - 마시기(3초) - 멈추기(5초) - 뱉기(7초) - 마시기(3초) - 멈추기(5초) - 뱉기(7초) - 마시기(3초) - 멈추기(5초) - 뱉기(7초) - 몸의 긴장을 풀어주는 큰 한숨.

※ 호흡을 마시고 중간에 멈추는 것은 폐를 최대한 확장했을 때 호흡에 필요한 근육들을 최대 탄성으로 유지하여 근육을 훈련하기 위함이다. 그러나 너무 오래 멈추는 것은 오히려 불필요한 긴장을 많이 주게 되므로 5초 정도만 멈췄다가 숨을 천천히 뱉는 것이 좋다. 3번 숨쉬기를 한 세트로 한다.

이 훈련이 충분히 된다면 매일 뱉는 숨의 초를 늘려 가보자. 마시는 것을 10초, 멈추는 것은 5초, 뱉는 것은 20초까지 늘려보자. 20초를 목표로 설정한 것은 "20초 동안 모음 연장 발성을 지속할 수 있는 음성 장애 환자는 음성을 산출하기 위한 호흡 조정을 잘한다."[32] 라는 의학적 근거를 따랐다.

※ 편의상 초를 적었을 뿐 자신의 호흡 상태에 맞춰 편히 조절하되 약간 힘들다 싶을 정도까지 호흡을 마시고 뱉는 것이 좋다. 힘들다고 가슴을 들썩이고, 어깨가 올라가면 횡격막이나 복근 훈련이 되지 않는다.

처음에는 어깨에 힘이 들어가고 양손이 있는 배꼽 부분보다 명치가 있는 윗배 부분만 부푸는 정도일 것이다. 그러나 지속해서 훈련하다 보면 호흡이 점점 깊어지고 배꼽이 있는 하복부까지 부풀어 오를 것이다.

※ 배에 무거운 것을 올려놓고 연습하는 것도 좋다. 무거운 사전이나, 중량 있는 바벨 원판 같은 것을 올려놓고 복식호흡을 하면 복부의 하중으로 복압이 올라가고 복근과 횡격막의 활동이 더 많아진다. 이는 헬스 트레이닝에서 근육을 훈련할 때 몸에 맞는 중량을 더하는 것과 같다.

2) 누워서 하는 복식호흡 2

그림14 : 오른쪽 다리 넘겨 복식호흡(위)과 왼쪽 복식호흡(아래)

요가 매트를 깔고 팔은 양쪽으로 뻗어 바닥에 붙이고, 다리는 붙여 열십자(十) 형태로 바닥에 눕는다.

오른쪽 다리를 들어 왼쪽으로 넘긴다. 이때 가능한 오른쪽 어깨를 바닥에 붙이고 들리지 않도록 한다. 다리가 잘 펴지지 않으면 무릎을 구부려도 상관없다.

이 상태에서 천천히 코로 숨을 들이쉬면 아랫배가 부풀어 오르는 것이 느껴질 것이다. 잘 느껴보고 싶다면 왼손으로 아랫배에 손을 올리고 숨을 쉬어본다. 코로 마시고 잠시 멈췄다가 입으로 내뱉는다.

3번 숨쉬기를 한 세트로 하여 3세트하고 반대로 왼쪽 다리를 오른쪽으로 넘겨 다시 3세트를 한다.

3) 앉아서 하는 복식호흡

그림15 : 앉아서 복식호흡 마시기 전(좌)과 후(우)

방석 위에 양반다리를 하고 앉는다. 양반다리가 어렵고 관절에 무리가 있거나, 허리가 좋지 않으면 의자에 등을 기대고 앉는다. 누워서 하는 복식호흡과 마찬가지로 양손을 포개어 배꼽 아래쪽에 놓는다.

코로 천천히 숨을 들이쉬고 입으로 내쉰다. 몇 번 반복해 보고 3-5-7 방법으로 숨을 마시고 멈추고 내뱉는다. 익숙하면 마시고 뱉는 시간을 늘려 10-5-20까지 진행해보자.

다만 주의할 점은 횡격막은 누워서 움직일 수 있는 가동범위가 앉거나 설 때 줄어든다. 그러므로 너무 무리해서 배를 내밀려고 하면 어깨나 허리에 무리한 긴장을 불러온다. 최대한 긴장을 풀고 명상을 하는 자세와 느낌으로 호흡에만 집중하자. 3세트 진행한다.

4) 서서 하는 복식호흡

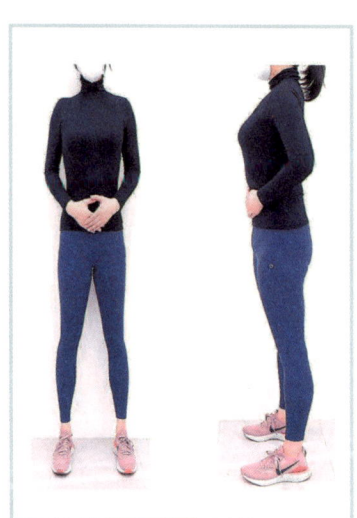

그림16 : 서서 하는 복식호흡 정면(좌)과 옆모습(우)

서서 하는 복식호흡은 특히 다리 자세가 중요하다. 다리는 자신의 어깨너비만큼 벌리고 엄지발가락과 발뒤꿈치를 11자 형태로 서거나 발끝을 살짝 15°도 정도만 밖으로 벌려 안정적으로 선다.

다리에서부터 골반, 허리, 머리까지 일직선이 되도록 똑바로 서면 이 자세가 익숙지 않은 사람은 무척 힘이 들 것이다. 이와 같은 자세로 서 있기 어렵다면 처음부터 너무 무리하지 말고 벽에 기대어 서도 좋다.

자세가 바르게 되었다면 배와 엉덩이에 힘을 줘보자. 몸이 똑바로 일어서는 느낌이 들것이다. 시선은 정면을 향하고 양손을 포개어 배꼽에 올려놓는다. 코로 천천히 호흡을 마시고 입으로 뱉기를 반복한다. 3세트 진행한다.

※ 앉거나·서서 복식호흡을 할 때, 복부가 풍선이고 풍선에 바람을 넣는 상상을 하는 것도 도움이 된다. 또한 허리로 숨을 쉰다고 생각하는 것도 좋다. 이렇게 하면 복부뿐만 아니라 등허리 쪽도 부풀어 오른다.

복식호흡을 하는 성악가들은 옆구리와 등이 부풀어 오른다고 한다. 등 쪽은 단단한 근육이 있어 쉽게 부풀지 않지만 오랜 훈련으로 성악가나 복식호흡을 많이 훈련한 사람은 옆구리와 등 쪽도 살짝 부풀어 오르는 것을 손을 대보면 알 수 있다.

5) 걸으면서 하는 복식호흡

복식호흡은 횡격막과 복근을 능동적으로 쓰는 호흡법이기에 명상하듯 조용히 호흡에만 집중하는 것이 좋지만, 복식호흡 습관을 들이기 위해 평소에도 걸으면서 호흡을 하면 좋다. 걸으면서 하는 복식호흡은 특별한 방법은 아니고 걷는 걸음 수와 호흡을 맞추는 것이다.

주의할 점은 걸으면서 하는 호흡은 호흡이 가빠지기 쉽다는 것이다. 그러므로 바삐 걸을 때, 혹은 뛸 때는 복식호흡을 하기 어렵다. 천천히 산책할 때 걸으면서 하는 복식호흡을 쓰고 복식호흡의 멈추는 정지구간은 2~3 걸음 정도만 멈춘다.

코로 들이마시면서 3걸음 걷고, 호흡을 멈추면서 2걸음, 내뱉으면서 7걸음을 걷는 것이다. 이 패턴이 익숙해지면 자신의 호흡과 걸음 수를 맞춰 열 걸음 동안 마시고 스무 걸음 동안 내뱉어 보자.

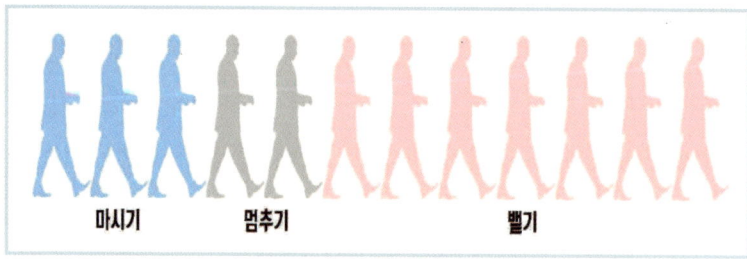

그림17 : 걸으면서 하는 복식호흡 1회 과정

2. 최대연장 호흡 늘리기

실제 호흡뿐만 아니라 건강에 좋은 복식호흡이라도 얼마나 늘고 있는지 모른다면 규칙적으로 연습하기 쉽지 않다. 그렇기에 실질적으로 매일 호흡량이 늘고 있는 것을 기록하게 되면 재미도 있고 목표가 생겨 더욱 습관적으로 연습할 수 있다.

가장 간단한 방법은 핸드폰의 초시계를 통해 기록하는 것이다. 호흡을 최대한 많이 마시고, 최대한 길게 뱉어 최대연장 호흡 길이를 매일 기록하는 것이다.

두 번째는 먼저 500mL 생수병이나 컵에 물을 반 이하로 담아 준비하자. 빨대를 꽂고 최대한 숨을 마신 후 빨대를 물의 표면에 닿게 하고 숨을 불어 넣어 거품이 일게 만든다.

그림18 : 호흡 전(좌)과 빨대로 호흡을 뱉어내 물거품이 일어나는 모습(우)

숨을 뱉으면서 시각적으로 물의 거품이 일어나는 것을 보면 호흡을 오래 뱉고 싶은 욕구가 생긴다. 최대한 길게, 숨이 찰 때까지 뱉어 보자. 초시계로 최대연장 호흡 길이를 잰다. 최대한 오래 호흡을 뱉어 기록하고 매일 이 시간보다 조금이라도 늘려나가 최소 20초 이상 되도록 해보자.

※ 시니어들은 몸의 모든 신경과 근육이 완전히 깨어난 이후 〈복식호흡〉이나 〈최대연장 호흡 늘리기〉를 하는 것이 좋다. 복식호흡을 무리해서 하게 되면 평소보다 폐를 확장해 산소가 과하게 들어와 이산화탄소가 지나치게 배출되는 과호흡 상태가 될 수 있다. 약간이라도 어지럽거나 손발이 저리는 증상을 느낀다면 바로 중단하고 천천히 큰 호흡을 하고 편히 숨을 쉬어야 한다.

III 발성 훈련

1. 후두 마사지

후두 마사지는 성대가 붙어있는 후두와 목 근육을 가볍게 마사지하며 긴장을 풀어주는 방법으로 말을 많이 하거나 목이 좀 답답하다 느낄 때, 발성 훈련 전에 풀어주면 좋다.

1) 먼저 똑바로 앉아 목에 손을 대고 후두 주변을 가볍게 쥔 후, 위아래로 10여 회 움직인다. 이때 목이 뒤로 꺾이지 않도록 한다.

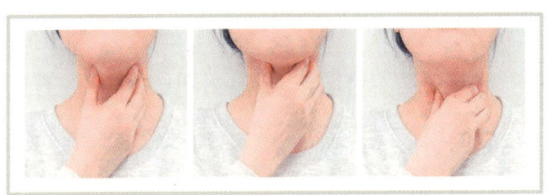

2) 다음은 좌우로 10여 회 움직인다.

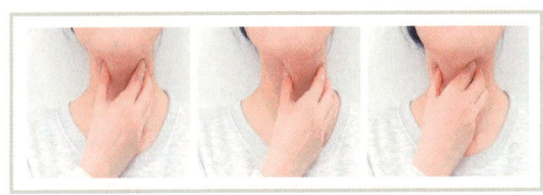

3) 다음은 후두 부분을 잡고 안쪽에서 바깥 방향(↶)으로 10여 회 돌려준다.

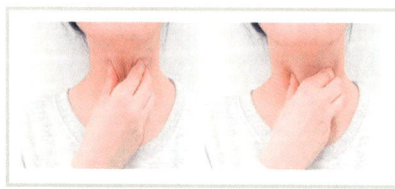

4) 반대로 바깥쪽에서 안쪽방향(↷)으로 10여 회 돌려준다.

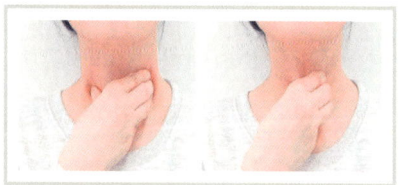

5) 목을 좌측으로 똑바로 움직이면 오른쪽 귀로부터 쇄골로 이어지는 튀어나온 근육이 바로 흉쇄유돌근인데 이 부분을 위아래로 10여 회 마사지해 준다.

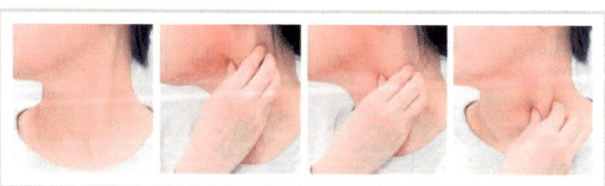

6) 반대로 목을 오른쪽으로 돌리고 왼쪽 귀로부터 쇄골까지 이어지는 근육을 10여 회 위아래로 마사지해 준다.

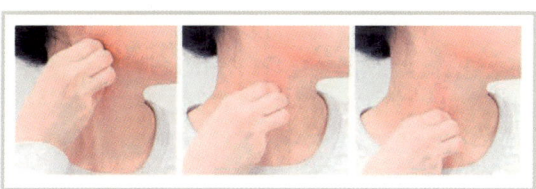

7) 양손을 깍지 껴 뒷머리를 잡고 목을 아래로 내려 목덜미 근육을 10초 정도 풀어준다.

8) 양손을 깍지 껴 엄지손가락으로 턱을 밀며 머리를 뒤로 젖혀 앞쪽 목 근육을 10초 정도 풀어준다.

9) 몸은 정면에 두고 머리를 우측으로 평행으로 움직여 10초 정도 정지해 스트레칭하고 풀어준다.

10) 반대로 머리를 좌측으로 평행으로 움직여 10초 정도

스트레칭하고 풀어준다.

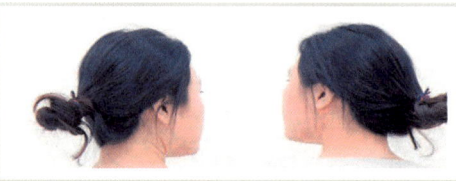

11) 왼손을 들어 오른쪽 귀 쪽을 잡고 머리를 왼쪽으로 기울여 오른쪽 목 근육을 10초 정도 풀어준다.

12) 오른손을 들어 좌측 귀 쪽을 잡고 머리를 오른쪽으로 기울여 왼쪽 목 근육을 10초 정도 풀어준다.

13) 머리를 오른쪽으로 5회 정도 돌려준다.

14) 머리를 왼쪽으로 5회 정도 돌려준다.

2. 발성 근육 풀어주기

발성 근육 풀어주기는 실제 소리가 나오는 입술과 혀를 비롯한 얼굴 전체 마사지를 해주는 것으로 특히 얼굴 근육을 많이 쓰지 않고 얘기하는 시니어들이 연습하면 훨씬 더 효과적이다. 또한 발성 근육 풀어주기는 노화로 인해 타액이 적어지고 입이 마르는 증상을 예방할 수 있다.

1) 얼굴 전체 근육 풀어주기

① 코를 중심으로 얼굴 모으기 : 주먹을 쥐고 코앞에 두고, 얼굴 전체가 주먹 안으로 들어간다고 생각하고 눈, 코, 입을 모아 10초 버텨 주기.

② 얼굴 펼치기 : 손바닥을 펴서 얼굴에 대고 손바닥 밖으로 눈코입이 벗어난다고 생각하고 활짝 펴서 10초 버텨 주기. 입도 '아' 모양으로 크게 벌려준다.

모으기와 펼치기를 3회 반복

③ 얼굴 근육 마구 움직이기 : 얼굴을 못생기게 만든다고 생각하고 눈과 입을 마구 움직여 주기

④ 뺨 부풀리기 : 뺨에 바람을 넣은 형태로 양 뺨을 부풀려 5초 정도 유지하고 숨을 '푸우~'하고 뱉는 것을 3회 반복한다.

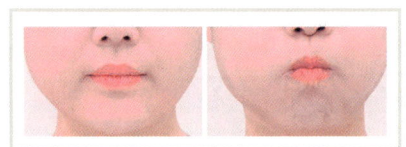

2) 입술 및 턱 운동

① 입술 정지 : 입술을 다물고 오른쪽 귀 쪽으로 당긴다는 생각으로 최대한 오른쪽으로 움직여 5초간 정지한다. 이어 왼쪽으로 5초간 정지하고 입술을 오므려 코 쪽으로 당겨 5초간 유지하고, 턱 쪽으로 내려 역시 5초간 유지한다. 입술을 오므린 상태에서 오른쪽으로 3바퀴 돌리고 왼쪽으로 3바퀴 돌린다.

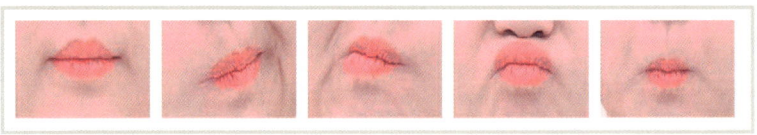

② 입술 투레질 : 입술을 맞대고 말이 투레질하듯 위아래 입술이 부딪혀 떨리게 "푸루루우"를 최대한 길게 5회 이상 반복해준다.

③ 입술 터트리기 : 위아래 입술을 안쪽으로 모았다가 "빠악" 소리가 터지도록 터트린다. 5회 이상 반복해준다.

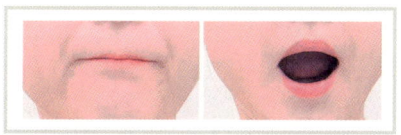

④ 뺨 터트리기 : 양쪽 뺨을 끌어모아 "쪼옥" 소리가 나게 터트리기를 5회 이상 반복해준다.

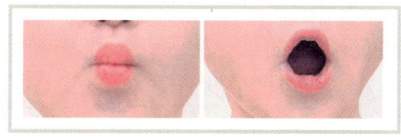

⑤ 똑딱 소리내기 : 시계 소리 "똑딱똑딱"을 가능한 한 빠르게 여러 번 반복해준다.

⑥ 아래턱 움직이기 : '아' 모양으로 입을 벌리고 아래턱을 움직여 '이' 모양이 되도록 움직여 음식물을 씹듯 딱딱 움직여주는데, 주의할 점은 턱관절이 어긋난 부정교합인 분들이나 턱관절에서 소리가 나는 분들은 무리하게 크게 입을 벌리지 않고 하는 것이 좋다.

3) 혀 운동

① 혀 씹어주기 : 혀를 껌처럼 가볍게 왼쪽, 오른쪽, 앞쪽, 중간 쪽까지 잘근잘근 씹어준다.

② 혀로 한 바퀴 돌려주기 : 혀를 왼쪽 위 어금니 잇몸에 대고 천천히 치아를 따라 오른쪽으로 움직여 준다(⌒). 오른쪽 위 어금니 잇몸까지 가면 아래로 내려와 오른쪽 아래 어금니 잇몸에서 출발해 왼쪽 아래 어금니 잇몸까지 천천히 돌려준다(⌣). 반대로도 돌려준다.

이렇게 하면 잘 쓰지 않는 혀뿌리 근육까지 움직여 혀의 가동범위를 넓혀 발음이 좋아질 수 있다.

③ 혀로 볼 밀기 : 입속의 혀를 오른쪽 볼 끝, 어금니 부분까지 움직여 오른쪽 볼을 힘껏 밀어준다. 이때 손으로 오른쪽 볼을 가볍게 밀어 혀에 저항성을 더해준다. 5초 정도 유지하다가 반대로 왼쪽 볼을 5초 정도 밀어준다.

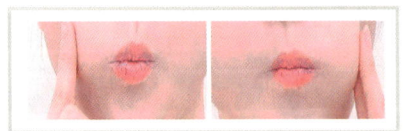

④ 혀 빼기 : 혀를 입술 아래턱 쪽으로 최대한 내밀어 5초 정도 유지한다. 다음으로 코 쪽으로 움직여 코끝에 혀를 붙인다는 생각으로 5초 정도 유지한다. 다음 혀를 밖으로 최대한 수평으로 내밀어 5초 정도 유지해 준다.

이때 손바닥을 앞에 대고 혀를 손바닥에 닿게 한다는 생각으로 최대한 빼준다. 마지막으로 혀를 목구멍에 넣는다는 생각으로 입속으로 끌어당겨 5초 정도 유지한다.

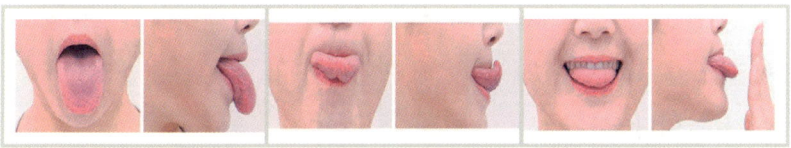

⑤ 혀 떨기 : 전화벨이 울리는 소리처럼 "따르르르르르릉", "까르르르르르르르르", "드르르르르르", "호로로로로로로록" 등등 혀 떨기를 한다. 혀 떨기는 쉽게 되는 사람이 있고 안되는 사람도 많다. 안되면 굳이 하지 않아도 괜찮으니 스트레스받지 말자.

IV 발음 훈련

1. 많이 알려진 방식의 발음 훈련

가장 많이 알려진 발음 훈련은 (가, 갸, 거, 겨….) 순으로 한글 자음과 모음을 결합한 음절 연습일 것이다.

한글 자음은 19개로 사전에 나오는 순서대로 적으면 《ㄱ, ㄲ, ㄴ, ㄷ, ㄸ, ㄹ, ㅁ, ㅂ, ㅃ, ㅅ, ㅆ, ㅇ, ㅈ, ㅉ, ㅊ, ㅋ, ㅌ, ㅍ, ㅎ》이다.

한글 자음은 발음 위치에 따라 양순음(입술소리), 치조음(잇몸소리), 경구개음(센입천장소리), 연구개음(여린 입천장소리), 성문음(목청소리)로 나누고 발음 방법에 따라 무성음인 파열음, 파찰음, 마찰음, 유성음인 비음과 유음으로 나눈다.

발음 방법			양순음 (입술소리)	치경음 (잇몸소리)	경구개음 (센입천장소리)	연구개음 (여린입천장소리)	성문음 (목청소리)
무성음 (안울림소리)	파열음	평음 (예사소리)	ㅂ	ㄷ		ㄱ	
		경음 (된소리)	ㅃ	ㄸ		ㄲ	
		격음 (거센소리)	ㅍ	ㅌ		ㅋ	
	파찰음	평음 (예사소리)			ㅈ		
		경음 (된소리)			ㅉ		
		격음 (거센소리)			ㅊ		
	마찰음	평음 (예사소리)		ㅅ			ㅎ
		경음 (된소리)		ㅆ			
유성음 (울림소리)	비음		ㅁ	ㄴ		ㅇ	
	유음			ㄹ			

표3 : 발음 위치와 발음 방법에 따른 한글 자음

다음은 한글 자음이 입안에서 만들어지는 위치를 설명한 그림이다.

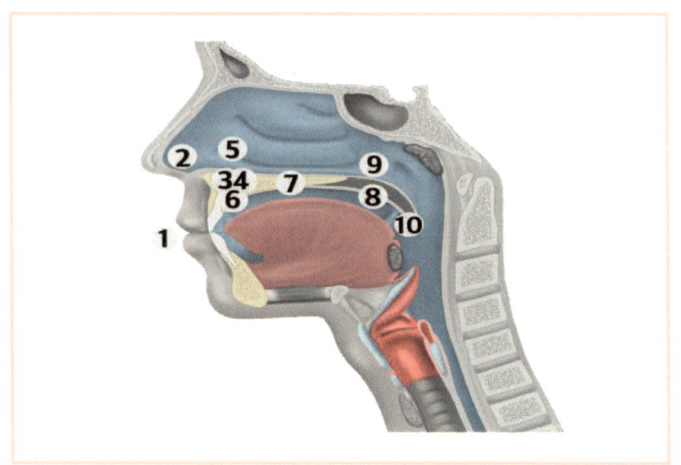

그림19 : 한글 자음 소리 나는 위치

1. 양순 파열음 : ㅂ, ㅃ, ㅍ
2. 양순 비음 : ㅁ
3. 치경 파열음 : ㄷ, ㄸ, ㅌ
4. 치경 마찰음 : ㅅ, ㅆ
5. 치경 비음 : ㄴ
6. 치경 유음 : ㄹ
7. 경구개 파찰음(앞쪽 딱딱한 입천장) : ㅈ, ㅉ, ㅊ
8. 연구개 파열음(뒤쪽 말랑한 입천장) : ㄱ, ㄲ, ㅋ
9. 연구개 비음 : 받침 ㅇ
10. 성문 마찰음 : ㅎ

한글 모음은 사전에 나오는 순서대로 《ㅏ, ㅐ, ㅑ, ㅒ, ㅓ, ㅔ, ㅕ, ㅖ, ㅗ, ㅘ, ㅙ, ㅚ, ㅛ, ㅜ, ㅝ, ㅞ, ㅟ, ㅠ, ㅡ, ㅢ, ㅣ》 총 21자이다. 이중 입술이나 혀를 움직이지 않아도 되는 단모

음은 《ㅏ, ㅐ, ㅓ, ㅔ, ㅗ, ㅚ, ㅜ, ㅟ, ㅡ, ㅣ》 10개이고 나머지는 입술 모양이나 혀의 위치가 처음과 나중이 서로 달라져 소리 나는 이중모음이다.

이중모음을 쉽게 이해하기 위해 '아'를 길게 발음해보자. '아'를 길게 발음하면 입술과 혀가 처음 시작부터 끝까지 모양이 바뀌지 않는다. 이번에 '와'를 길게 발음해보자. '와'를 길게 발음하면 처음엔 입술이 오므려져 소리 나던 것이 뒤로 가면 입을 벌리게 되고 마지막은 '아' 소리가 날 것이다.

아래 모음 삼각도는 입의 개방 정도와 혀의 위치에 따른 단모음 10개를 표시한 것이다.

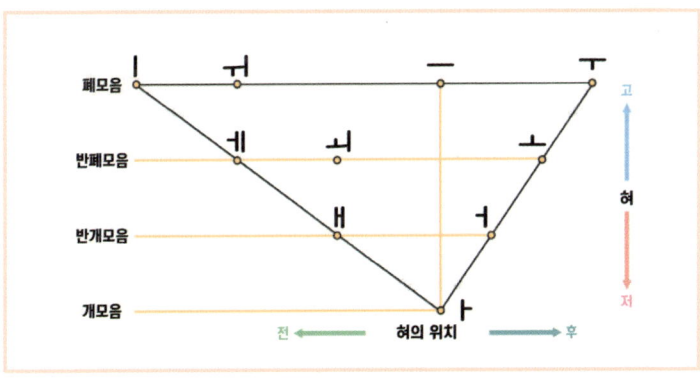

그림20 : 입의 개방 정도와 혀의 위치에 따른 모음 삼각도

폐(閉)모음은 입이 거의 벌어지지 않고 혀의 위치를 높여 발음하는 것으로 《ㅣ, ㅟ, ㅡ, ㅜ》가 있고, 반폐(半閉)모음은 폐모음보다는 조금 벌어진 상태에서 발음하는 것으로 《ㅔ, ㅚ, ㅗ》가 있다.

반개(半開)모음은 반쯤 벌리고 발음하는 것으로 《ㅐ, ㅓ》가 있고 개(開)모음은 입을 크게 벌리고 혀의 위치를 낮춰 발음하는 것으로 《ㅏ》가 있다.

잘 알려진 발음 연습은 한글 자음과 모음을 결합한 발음 연습으로 먼저 받침 없는 낱글자를 정확한 소리가 나도록 읽는 것이다.

1) 한 글자씩 천천히 가로 방향 → (가, 개, 갸, 걔, 거…)으로 읽고, 반대 방향 ← (기, 긔, 그, 규, 귀…)으로 읽는다.

2) 세로 방향 아래로 ↓ (가, 까, 나, 다, 따…) 읽어 본 후, 세로 방향 위로 ↑ (하, 파, 타, 카, 차…) 읽는다.

3) 대각선 방향 ↘ (가, 깨, 냐, 댸, 떠…)과 반대 방향 ↗ (기, 끠, 느, 듀, 뛔…)으로도 읽어본다.

4) 실제 쓰이지 않는 음절이라 해도 최대한 입 모양을 정확히 읽어 본다.

	1	2	3	4	5	6	7	8	9	10	11	12	13	14	15	16	17	18	19	20	21
1	가	개	야	걔	거	게	겨	계	고	과	괘	괴	교	구	궈	궤	귀	규	그	긔	기
2	까	깨	꺄	꺠	꺼	께	껴	꼐	꼬	꽈	꽤	꾀	꾜	꾸	꿔	꿰	뀌	뀨	끄	끠	끼
3	나	내	냐	냬	너	네	녀	녜	노	놔	놰	뇌	뇨	누	눠	눼	뉘	뉴	느	늬	니
4	다	대	댜	댸	더	데	뎌	뎨	도	돠	돼	되	됴	두	둬	뒈	뒤	듀	드	듸	디
5	따	때	땨	떄	떠	떼	뗘	뗴	또	똬	뙈	뙤	뚀	뚜	뚸	뛔	뛰	뜌	뜨	띄	띠
6	라	래	랴	럐	러	레	려	례	로	롸	뢔	뢰	료	루	뤄	뤠	뤼	류	르	릐	리
7	마	매	먀	먜	머	메	며	몌	모	뫄	뫠	뫼	묘	무	뭐	뭬	뮈	뮤	므	믜	미
8	바	배	뱌	뱨	버	베	벼	볘	보	봐	봬	뵈	뵤	부	붜	붸	뷔	뷰	브	븨	비
9	빠	빼	뺘	뺴	뻐	뻬	뼈	뼤	뽀	뽜	뽸	뾔	뾰	뿌	뿨	쀄	쀠	쀼	쁘	쁴	삐
10	사	새	샤	섀	서	세	셔	셰	소	솨	쇄	쇠	쇼	수	숴	쉐	쉬	슈	스	싀	시
11	싸	쌔	쌰	썌	써	쎄	쎠	쎼	쏘	쏴	쐐	쐬	쑈	쑤	쒀	쒜	쒸	쓔	쓰	씌	씨
12	아	애	야	얘	어	에	여	예	오	와	왜	외	요	우	워	웨	위	유	으	의	이
13	자	재	쟈	쟤	저	제	져	졔	조	좌	좨	죄	죠	주	줘	줴	쥐	쥬	즈	즤	지
14	짜	째	쨔	쨰	쩌	쩨	쪄	쪠	쪼	쫘	쫴	쬐	쬬	쭈	쭤	쮀	쮜	쮸	쯔	쯰	찌
15	차	채	챠	챼	처	체	쳐	쳬	초	촤	쵀	최	쵸	추	춰	췌	취	츄	츠	츼	치
16	카	캐	캬	컈	커	케	켜	켸	코	콰	쾌	쾨	쿄	쿠	쿼	퀘	퀴	큐	크	킈	키
17	타	태	탸	턔	터	테	텨	톄	토	톼	퇘	퇴	툐	투	퉈	퉤	튀	튜	트	틔	티
18	파	패	퍄	퍠	퍼	페	펴	폐	포	퐈	퐤	푀	표	푸	풔	풰	퓌	퓨	프	픠	피
19	하	해	햐	햬	허	헤	혀	혜	호	화	홰	회	효	후	훠	훼	휘	휴	흐	희	히

표4 : 많이 알려진 방식의 발음 훈련 19개 자음과 21개 모음

(■은 된소리 ㄲ, ㄸ, ㅃ, ㅆ, ㅉ)

다음은 받침을 붙여 읽어본다. 한글 받침은 홑받침(ㄱ, ㄴ, ㄷ, ㄹ, ㅁ, ㅂ, ㅅ, ㅇ, ㅈ, ㅊ, ㅋ, ㅌ, ㅍ, ㅎ)이 14개이고, 둘 받침으로는 ㄳ(삯), ㄵ(앉다), ㄶ(많다), ㄺ(흙, 굵다), ㄻ(옮다), ㄼ(밟다), ㄽ(곬), ㄾ(핥다), ㄿ(읊다), ㅀ(뚫다), ㅄ(값, 없다) 등 11개이다. 쌍받침으로는 ㄲ(밖, 꺾다), ㅆ(있다, 았) 등 2개로 모두 27개이다. 하지만 받침소리는 'ㄱ, ㄴ, ㄷ, ㄹ, ㅁ, ㅂ, ㅇ' 등 7개만 발음된다.

'ㅅ', 'ㅆ', 'ㅈ', 'ㅊ', 'ㅌ'은 → [ㄷ]으로 (낫 → [낟], 났다 → [낟따], 낮 → [낟], 낯 → [낟], 같다 → [갇따]), 'ㅍ'은 → [ㅂ]으로 (숲 → [숩]), 'ㅋ', 'ㄲ'은 → [ㄱ]으로 (부엌 → [부억], 밖 → [박], 꺾다 → [꺽다])로 'ㅎ'은 (낳다 → [나타], 낳았어요 → [나아써요], 찧는 → [찐는])와 같이 뒤에 어떤 자음이나 모음이 오느냐에 따라 발음이 달라진다.

둘 받침은 삯 → [삭], 앉다 → [안따], 많다 → [만타], 흙 → [흑], 굵다 → [극따], 값 → [갑], 없다 → [업따] 등으로 바뀐다.

한국어의 음운 규칙을 잘 알아야 아나운서 같은 정확한 발음을 구사할 수 있지만, 여기서 음운론을 언급하기에는 내용이 너무 방대함으로 음운 규칙과 별개로 간단한 받침 있는 단(單)음절을 연습하는 방법을 익혀보자.

예를 들어 자음 'ㄱ'을 연습한다면 아래와 같은 순서로 연습한다.

음절'가'	ㄱ	ㄴ	ㄷ	ㄹ	ㅁ	ㅂ	ㅇ
1	가	각	간	갇	갈	감	갑	강
2	개	객	갠	갣	갤	갬	갭	갱
3	갸	갹	갼	갿	갈	걈	갑	걍
4	걔	걕	걘	걛	걜	걤	걥	걩
5	거	걱	건	걷	걸	검	겁	겅
6	게	겍	겐	겓	겔	겜	겝	겡
7	겨	격	견	겯	결	겸	겹	경
8	계	곅	곈	곋	곌	곔	곕	곙
9	고	곡	곤	곧	골	곰	곱	공
10	과	곽	관	괃	괄	괌	곱	광
11	괘	괙	괜	괟	괠	괨	괩	괭
12	괴	괵	괸	괻	괼	굄	굅	굉
13	교	곡	곤	곧	골	곰	곱	공
14	구	국	군	굳	굴	굼	굽	궁
15	궈	궉	권	궏	궐	궘	궙	궝
16	궤	궥	궨	궫	궬	궴	궵	궹
17	귀	귁	귄	귇	귈	귐	귑	귕
18	규	귝	균	귣	귤	귬	귭	귱
19	그	극	근	귿	글	금	급	긍
20	긔	긕	긘	긛	긜	김	깁	깅
21	기	긱	긴	긷	길	김	깁	깅

표5 : 음절 '가'에 소리나는 받침 붙인 발음 연습(☐은 단모음 10개)

위와 같이 7개의 받침(ㄱ, ㄴ, ㄷ, ㄹ, ㅁ, ㅂ, ㅇ)을 모두 붙여 연습하면 실제 쓰이지 않는 음절도 발음하게 된다. 익숙하지 않은 음절이나 단어를 발음해보는 것은 쓰지 않던 뇌 영역을 활성화하고 혀의 가동범위를 넓히는 좋은 방법이다. 천천히 한 글자, 한 글자 정확히 읽어보자.

그러나 19개의 자음과 21개의 모음, 소리 나는 받침 7개를 모두 활용한 발음 연습은 한 번에 전부 읽기에는 많은 시간이 소요되고 발성, 발음 기관에 무리가 된다. 하루에 한 자음만 선택하여 입 모양을 정확히 하는 훈련이 발음 연습을 습관화하는 좋은 길이다.

2. 자음과 모음 발음 위치를 결합한 발음 훈련

자음 발음 위치와 단모음 위치를 결합한 방식은 같은 위치에서 소리 나는 발음을 중점적으로 연습할 수 있는 장점이 있다.

예를 들어 자음 발음 위치 앞쪽 발음은 잘나는데 뒤쪽 발음이 잘 안 나는 경우.

1) '<u>드드드드드</u>…', '<u>뜨뜨뜨뜨뜨</u>…', '<u>트트트트트</u>…'를 10초 동안 연속적으로 빨리 말해보자.

2) '<u>그그그그그</u>…', '<u>끄끄끄끄끄</u>…', 크크크크크…'를 10초 동안 연속적으로 빨리 말해보자.

3) '드, 뜨, 트'와 비교해서 '그, 끄, 크'가 빨리 안될 때 연구개음과 단모음을 결합한 〈표9 : 연구개음과 모음삼각도의 모음위치를 결합한 발음(102쪽)〉을 천천히 읽어보자.

기 게 키 긱 끽 칙 깅 낑 킹 …… 가 까 카 각 깍 칵 강 깡 캉

4) 첫 번째는 한 음절씩 정확히 읽어 나가고 두 번째는 아

주 빠르게 전체를 읽어본다. 혀가 익숙해지도록 여러 번 반복해서 읽는다.

또 다른 예로 입을 작게 벌리는 소리는 잘 나오는데 크게 벌리는 소리는 잘 안 나는 경우 아래 표 6~10번까지 에서 특히 개모음을 중점적으로 읽는 연습을 한다.

입의 벌어지는 정도에 따라 폐모음(이, 🙂) → 반폐모음(에, 🙂) → 반개모음(애, 🙂) → 개모음(아, 🙂) 순으로 되어 있으니, 폐모음은 입을 조금 벌리고, 마지막 개모음에서는 입을 크게 벌려 발음해야 한다.

평소 말할 때 앞니로 새끼손가락 한 개 정도 물면 벌어지는 정도로 입을 벌리고 말하는 것이 좋다. 이 정도 벌어지지 않으면 웅얼거리거나 답답하게 들리게 된다.

반개모음은 손가락 한 개 정도, 개모음 중에서 받침이 없는 음절은 손가락 두 개가 들어갈 정도로 입을 벌려 연습하자.

① 양순음

위아래 입술이 부딪치며 나는 소리이다.

	양순음
폐 모음	비 삐 피 미 / 빕 삡 핍 밉 / 빔 삠 핌 밈 / 뷔 쀠 퓌 뮈 / 뷥 쀱 퓝 뮙 / 뷤 쀰 퓜 뮘 / 브 쁘 프 므 / 븝 쁩 픕 믑 / 븜 쁨 픔 믐 / 부 뿌 푸 무 / 붑 뿝 풉 뭅 / 붐 뿜 품 뭄
반폐 모음	베 뻬 페 메 / 벱 뻽 펩 멥 / 벰 뻼 펨 멤 / 뵈 뾔 푀 뫼 / 뵙 뾥 푑 묍 / 뵘 뾤 푐 묌 / 보 뽀 포 모 / 봅 뽑 폽 몹 / 봄 뽐 폼 몸
반개 모음	배 빼 패 매 / 뱁 빱 팹 맵 / 뱀 뺌 팸 맴 / 버 뻐 퍼 머 / 법 뻡 펍 멉 / 범 뻠 펌 멈
개 모음	바 빠 파 마 / 밥 빱 팝 맙 / 밤 빰 팜 맘

표6 : 양순음과 모음삼각도의 모음위치를 결합한 발음

② 치경음

혀의 끝부분이 앞니와 경구개 경계 부분에 닿으며 나는 소리이다.

	치경음
폐 모음	디 띠 티 시 씨 니 리 / 딛 띧 틷 싣 씯 닏 릳 / 딘 띤 틴 신 씬 닌 린 / 딜 띨 틸 실 씰 닐 릴 / 뒤 뛰 튀 쉬 쒸 뉘 뤼 / 뒫 뛷 튇 쉳 쒿 뉟 륃 / 뒨 뛴 튄 쉰 쒼 뉜 뤈 / 뒬 뛸 튈 쉴 쒈 뉠 뤨 / 드 뜨 트 스 쓰 느 르 / 듣 뜯 튿 슫 쓷 늗 릋 / 든 뜬 튼 슨 쓴 는 른 / 들 뜰 틀 슬 쓸 늘 를 / 두 뚜 투 수 쑤 누 루 / 둗 뚣 퉅 숟 쏟 눋 룯 / 둔 뚠 툰 순 쑨 눈 룬 / 둘 똘 툴 술 쑬 눌 룰
반폐 모음	데 떼 테 세 쎄 네 레 / 덷 뗃 텥 섿 쎧 넫 렏 / 덴 뗀 텐 센 쎈 넨 렌 / 델 뗄 텔 셀 쎌 넬 렐 / 되 뙤 퇴 쇠 쐬 뇌 뢰 / 됟 뙫 퇻 쇧 쐿 뇓 룆 / 뒨 뛴 튄 쉰 쒼 뉜 뤈 / 될 뙬 퇼 쇨 쐴 뇔 룈 / 도 또 토 소 쏘 노 로 / 돋 똗 톹 솓 쏟 녿 롣 / 돈 똔 톤 손 쏜 논 론 / 돌 똘 톨 솔 쏠 놀 롤
반개 모음	대 때 태 새 쌔 내 래 / 댇 땓 턷 샏 쌛 낻 랟 / 댄 땐 탠 샌 쌘 낸 랜 / 댈 땔 탤 샐 쌜 낼 랠 / 더 떠 터 서 써 너 러 / 덛 떧 턷 섣 썯 넏 럳 / 던 떤 턴 선 썬 넌 런 / 덜 떨 털 설 썰 널 럴
개 모음	다 따 타 사 싸 나 라 / 닫 딷 탇 삳 쌋 낟 랃 / 단 딴 탄 산 싼 난 란 / 달 딸 탈 살 쌀 날 랄

표7 : 치경음과 모음삼각도의 모음위치를 결합한 발음

③ 경구개음

혓바닥을 경구개에 대면서 나는 소리이다.

	경구개음
폐 모음	지 찌 치 / 쥐 쮜 취 / 즈 쯔 츠 / 주 쭈 추
반폐 모음	제 쩨 체 / 죄 쬐 최 / 조 쪼 초
반개 모음	재 째 채 / 저 쩌 처
개 모음	자 짜 차

표8 : 경구개음과 모음삼각도의 모음위치를 결합한 발음

④ 연구개음

혓바닥의 뒷부분이 연구개(경구개 뒤쪽 말랑한 부분)에 닿으며 나는 소리이다.

	연구개음
폐 모음	기 끼 키 / 긱 끽 킥 / 깅 낑 킹 / 귀 뀌 퀴 / 귁 뀍 퀵 / 귕 뀡 큉 / 그 끄 크 / 극 끅 큭 / 긍 끙 킁 / 구 꾸 쿠 / 국 꾹 쿡 / 궁 꿍 쿵
반폐 모음	게 께 케 / 겍 껙 켁 / 겡 껭 켕 / 괴 꾀 쾨 / 괵 꾁 쾩 / 굉 꾕 쾽 / 고 꼬 코 / 곡 꼭 콕 / 공 꽁 콩
반개 모음	개 깨 케 / 객 깩 캑 / 갱 깽 캥 / 거 꺼 커 / 걱 꺽 컥 / 겅 껑 컹
개 모음	가 까 카 / 각 깍 칵 / 강 깡 캉

표9 : 연구개음과 모음삼각도의 모음위치를 결합한 발음

⑤ 성문음

성대의 좁은 틈을 통과하면서 나오는 소리이다.

	성문음
폐 모음	히 휘 흐 후
반폐 모음	헤 회 호
반개 모음	해 허
개 모음	하

표10 : 성문음과 모음삼각도의 모음위치를 결합한 발음

3. 혀 비틀기 훈련 (Tongue Twisters)

아래는 단어 하나씩은 어렵지 않지만, 문장으로 읽으면 발음이 꼬이기 쉬운 문장들을 모은 것이다. 한국어 발음 규칙을 정확히 적용하여 읽어야 하지만, 발음 규칙(연음화, 두음법칙, 자음동화, 구개음화, 경음화 등등)을 설명하기엔 내용이 너무 방대하다.

이에 이 책에서는 아래 문장들을 빨리 읽어보면서 평소에

움직이지 않던 입술과 혀 등 조음기관의 가동범위를 넓히는 훈련에 목적을 두고 많은 사람이 자주 틀리는 문장에 대해 간단한 설명을 덧붙이기로 한다.

빨리 읽는 것에 목적을 두었기에 맞춤법에 맞는 띄어쓰기는 무시한다. 처음에는 한 문장씩 천천히 읽어보고, 두 번째는 빨리 읽어보자.

1) 검찰청창살 쇠철창살은 외쇠철창살인가 쌍쇠철창살인가?
   (※ '창쌀'로 발음 되어야 한다)
2) 중앙청창살 쌍창살, 시청창살 외창살.
3) 앞집팥죽은 붉은팥풋팥죽이고, 뒷집콩죽은 햇콩단콩콩죽, 우리집깨죽은 검은깨깨죽인데 사람들은 햇콩단콩콩죽 깨죽죽 먹기를 싫어하더라.
4) 상표붙인 큰깡통은 깐깡통인가, 안깐깡통인가?
   (※ '깡통'이 '캉통'처럼 발음되는 경우가 많다)
5) 고려고교복은 고급교복이고, 고려고교복은 고급원단을 사용했다.
   (※ ㅕ, ㅛ를 단모음처럼 '고러고 고복'이라고 발음하는 경우가 많다)

6) 양양역 앞 양장점은 양양양장점, 영양역 앞 영화관은 영양영화관.

7) 한양양장점 옆 한영양장점, 한영양장점 옆 한양양장점.

8) 안촉촉한초코칩나라에 살던 안촉촉한초코칩이 촉촉한 초코칩나라의 촉촉한초코칩을 보고 촉촉한초코칩이 되고 싶어서 촉촉한초코칩나라로 갔는데 촉촉한초코칩나라의 문지기가 "넌 촉촉한초코칩이 아니고 안촉촉한초코칩이니까 안촉촉한초코칩나라에서 살아."라고 해서 안촉촉한초코칩은 촉촉한초코칩이 되는 것을 포기하고 안촉촉한초코칩나라로 돌아갔다.

9) 동해파도 철썩찰싹철찰싹, 남해파도 찰싹철썩찰철썩.

10) 저기 가는 저 상장사가 새상상장사냐 헌상상장사냐.

11) 안흥팥찜빵집에 안흥팥찜빵을 먹으러 갔더니 안흥팥찜빵은 없고 안흥콩찜빵만 있더라.

12) 챠프포트킨과 치스챠코프는 라흐마니노프의 피아노 콘체르트의 선율이 흐르는 영화 파워트웨이트를 보면서 켄터키프라이드치킨, 포테이토칲, 파파야 등을 포식하였다.

13) 내가 그린 기린그림은 긴기린그림, 니가 그린 기린 그림은 안긴기린그림.

14) 참치꽁치찜과 양념꼼장어, 팥죽속찹쌀, 닭볶음탕, 게살샥스핀 중에 합성착향료가 가장 많은 건 뭘까?

(※ '꽁치찜'이 '콩치침'으로 발음되는 경우가 많다)

15) 작은토끼 토끼통 옆 큰토끼 토끼통, 큰토끼 토끼통 옆 작은토끼 토끼통.

(※ '토끼통'이 '토키통' 혹은 '토끼똥'처럼 되는 경우가 많다)

16) 작년에 온 솥장수는 새솥장수, 금년에 온 솥장수는 헌솥장수.

17) 복국 밥값 국밥값. 국밥값 복국 밥값.

(※ 소리 나는 대로 읽으면 '복꾹 밥깝 국빱깝, 국빱깝 복꾹 밥깝'이 된다)

18) 우리집 옆집앞집뒷창살은 홑겹창살이고, 우리집 뒷집앞집 옆창살은 겹홑창살.

19) 저분은 백법학박사이시고, 이분은 박법학박사이시다.

(※ '버팍빡사'로 발음 되어야 한다)

20) 서울특별시 특허허가과 허가과장 허과장.

(※ 이중모음 'ㅘ'를 단모음 'ㅏ'로 발음하여 '허가까 허가가장 허가장'으로 하는 경우가 있다)

21) 백합백화점 옆 백화백화점 백화백화점 옆 백합백화점.

22) 들의 콩깍지는 깐콩깍지인가 안깐콩깍지인가. 깐콩깍지면

어떻고 안깐콩깍지면 어떠냐. 깐콩깍지나 안깐콩깍지나 콩깍지는 다 콩깍지인데.

23) 작은용 이름 용룡 큰용 이름 룡용

24) 똘똘이네 알뜰이는 한푼두푼 알뜰살뜰 털털이네 흥청이는 서푼네푼 흥뜰망뜰.

25) 귀돌이네 담밑에서 귀뚜라미가 귀똘똘똘 귀똘똘똘, 똘똘이네 담밑에서 귀뚜라미가 똘둘둘둘 똘둘둘둘.

26) 도토리가 문을 도로록 드르륵 두루룩여냐? 드로록 도루륵 두르룩여냐?

27) 저기 저 뜀틀이 내가 뜀뜀틀인가, 내가 안뜀뜀틀인가? 저기 말뚝이 말맬말뚝이냐, 말못맬말뚝이냐?

28) 춘천 공작창 창장은 편창장이고, 평촌 공작창 창장은 황창장.

29) 간장 공장 공장장은 강 공장장이고, 된장 공장 공장장은 공 공장장이다.

30) 삿갓을 쓴 김삿갓씨는 김삿갓삿갓 김삿갓삿갓 김삿갓삿갓으로 불리는 게 좋아서 쿵덕더덕덕 쿵덕더덕덕 쿵덕더덕덕 노래를 불렀다.

한국어와 같이 영어에도 발음하기 어려운 단어를 모아 문장으로 만든 것들을 Tongue Twist(혀 비틀기)라 한다.

I wish to wish the wish you wish to wish. But If you wish to wish the witch wishes, I won't wish the wish you wish to wish.

(난 네가 바라는 소원을 빌어 줄게. 하지만 그 소원이 나쁜 소원이라면 네가 바라는 소원이 이뤄지지 않도록 빌 거야.)

위와 같이 내용이 매끄럽지는 않아도 말이 되는 문장인데 영어에 익숙하다면 빨리 읽는 연습을 하자. 혀와 조음기관의 가동 범위를 넓혀주고 근육을 풀어주는 효과가 있다.

영어에 익숙하지 않더라도 읽을 수 있다면 시도해보자. 안 쓰는 근육을 쓸 수 있고, 외국어를 읽는 것만으로도 뇌의 언어영역을 활성화할 수 있다.

뜻은 중요하지 않으므로 문장만 몇 개 소개한다.

Peter Piper picked a peck of pickled peppers. If Peter Piper picked a peck of pickled peppers, where are the pickled peppers Peter Piper picked?

How much wood would a woodchuck chuck if a woodchuck could chuck wood? He would chuck, he would, as much as he could, and chuck as much wood. As a woodchuck would if a woodchuck could chuck wood.

Betty bought a bar of butter, but the butter Betty bought was bitter, so Betty beat a bit of butter to make the bitter butter better.

She sells seashells by the seashore. If she sells seashells by the seashore, where are the seashells she sells by the seashore?

Chicks with bricks come. Chicks with blocks come. Chicks with bricks and blocks and clocks come.

The thirty-three thieves thought that they thrilled the throne throughout Thursday.

V 음성치료에서 쓰이는 음성 훈련법

1. 성대 기능 훈련(Vocal Function Exercises)

성대 위축증(vocal fold atrophy)과 궁형 성대(vocal fold bowing)는 노인성 후두(presby larynx)의 대표적인 후두 소견으로, 성대근의 위축으로 발성 시 성문 폐쇄부전(glottal incompetence)을 일으켜 약한 음성(weak voice), 목 쉰 소리(hoarseness), 기식음(breathiness) 등의 음성 문제를 일으킨다. 이로 인해 보상적으로 부적절한 상후두 근육의 긴장을 초래하여 이차적인 근긴장성 발성장애(secondary muscle tension dysphonia)가 동반되어 나타나며, 이와 함께 음성피로, 인후두 이물감, 발성통, 만성적인 기침 등의 증상이 동반된다 (Baken, 2005; Pontes, Brasolotto, & Behlau, 2005; Sato, Hirano, & Nakashima, 2002).[33]

위의 인용문은 노화로 인한 후두의 특징과 이에 따른 음성 특징을 설명한 것인데, 이를 쉽게 풀어쓰면 성대 위축이란 성대 근육에 살이 빠지는 현상으로, 발성할 때 성대 접촉이 완전하지 않아 쉰 목소리가 나는 것이고, 궁형 성대는 성대가 안쪽으로 둥글게 굽어지는 것으로 역시 성대 접촉이 완전히 이뤄지지 않아 바람 빠진 소리가 나는 것이다.

이로 인해 나이가 들면 힘없는 소리, 쉰 목소리가 나고 이를 보상하기 위해 성대를 비롯한 목, 어깨까지 힘을 주어 근육을 긴장시켜 말하는 이른바 근긴장성 발성장애가 나타나기도 한다.

근긴장성 발성장애를 완화하는 방법으로 성대 기능 훈련이 있다. 이는 호흡, 발성, 공명의 각 단계를 조합하여 성대의 길이를 증가시키고 후두 근육의 기능을 강화하는 훈련으로 성대의 움직임을 활성화할 수 있다. 성대 기능 훈련은 4단계로 진행된다.

1) 준비단계

먼저 복식호흡으로 숨을 크게 마시고 음계에서 파(남자 F2, 여자 F3) 음으로 /이~/ 소리를 최대한 길게 낸다. 정확히 '파' 음을 맞추기 어렵다면 스스로 도~레~미~파~를 해보고 '파~'음에 맞춰서 하면 된다.

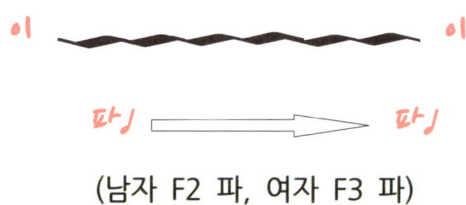

(남자 F2 파, 여자 F3 파)

2) 상승 활창 단계

활창(滑唱, glide)은 미끄러지듯 가는 것을 의미한다. 복식호흡으로 숨을 크게 마시고 가장 낮은 소리에서 가장 높은 소리까지 사이렌이 울리듯 / 오~ / 소리를 낸다. 가장 높은 음에서 최대한 오래 끌어준다. 소리를 둥글게 말아 올린다고 생각하면 좋다.

주의할 점은 활창 단계에서 고음이 되면 자기도 모르게 소리가 커져 몸에 힘이 들어가는데 이를 조심해야 한다.

고음일 때 강도가 커지면 성대가 늘어난 상태에서 양쪽 성대 점막이 과하게 접촉해, 성대에 무리가 온다.

목소리는 평소보다 조금 작게 하되, 음 이탈이 나와도 호흡이 끊길 때까지 소리를 내보자.

그러나 고음을 길게 끌어줄 때 목이 아프거나, 계속해서

음 이탈이 나면 즉시 중지한다. 너무 높은 고음까지 억지로 내지 않도록 주의하고, 목이 앞으로 빠지거나, 턱이 들리지 않도록 주의한다.

3) 하강 활창 단계

복식호흡을 마시고 가장 높은 음에서 가장 낮은 음까지 / 0~ / 소리를 낸다. 저음을 최대한 오래 끌어준다.

4) 내전력 강화 단계

성대 내전근을 강화하는 훈련으로 내전력(內轉力)이란 V자 성대를 I자로 붙이는 힘을 말한다. 복식호흡으로 숨을 마시고 음계 도(남자 C2, 여자 C3)를 유지하며 / 0~ / 를 호흡 끝까지 뱉어낸다.

오 (도) ~~~~~~~~~~~~ 오 (도)

오 (레) ~~~~~~~~~~~~ 오 (레)

오 (미) ~~~~~~~~~~~~ 오 (미)

(남자 C2 **도**, 여자 C3 **도**)

이런 방식으로 도(C) - 레(D) - 미(E) - 파(F) - 솔(G) 까지 소리를 낸다.

※ 성대 기능 훈련은 매일 아침 간단한 얼굴 근육 풀기와 복식호흡을 연습한 후 1~2회 실시하는 것이 좋다.

2. 하품/한숨 발성법과 부드러운 성대 접촉[34]

노화로 인한 음성 특징 중 가장 빈도가 높은 것은 거친 소리가 나는 것으로, 하품/한숨 발성이나 부드러운 성대 접촉을 훈련하는 것이 도움이 된다.

하품/한숨 발성은 성대의 지나친 긴장을 풀어주고 부드러운 성대 접촉은 말을 시작할 때 성대에 무리 없이 부드럽게 시작할 수 있도록 하는 방법이다.

1) 하품/한숨 발성법

① 먼저 편하게 앉아 하품하듯 입을 크게 벌려 숨을 마시고 한숨을 쉬듯 숨을 뱉는다.

② 어깨를 들썩일 정도로 크게 한숨을 뱉을 때 자연스럽게 나오는 소리를 낸다. (아~~~, 하~~~) 같은 소리가 나올 것이다.

③ 몸이 이완되어 긴장이 없는 상태로 만든다.

④ 하품하듯 숨을 마시고, 한숨을 쉬듯 내뱉을 때 /아이/

라는 단어를 작고 부드럽게 내뱉는다.

⑤ /아이/라고 말할 때 목(후두)에 긴장이 전혀 느껴지지 않아야 하며 /아~~~ 이~~~/ 라는 단어를 5초 정도에 걸쳐 천천히 말한다고 생각하고 끝 음도 길게 끌어 부드럽게 마무리한다.

(하품하듯 숨 크게 마시고, 한숨 쉬듯 내뱉으며)

⑥ 이와 같은 방법으로 /아/, /애/, /이/, /오/, /우/ 로 시작되는 2~3음절로 이뤄진 단어들을 연습해 보자.

아	아이	아내	아버지
애	애인	애착	애오개
이	이름	이모	이기적
오	오이	오늘	오징어
우	우리	우비	우거지

표11 : 모음으로 시작하는 2음절, 3음절 단어

2) 부드러운 성대 접촉

① 하품/ 한숨 발성법과 유사하다. 다만 호흡을 마실 때 하품하듯 크게 과장해서 마실 필요 없이 복식호흡으로 편안하게 마신다.

② 숨을 마시고 입을 벌려 1~2초간 '하아~'하고 호흡만 조금 내보내고(추운 날 손을 녹일 때 '하아'하고 입김을 불어넣는 소리, **성대 진동 없는 무성음**), 이어 성대를 부드럽게 접촉하여 작은 목소리로 /하~~~~~/ 소리를 5초간 내보자.

③ /하~/ 소리가 부드럽게 나오면 /하/, /헤 or 해/, /히/, /호/, /후/ 로 시작되는 2~3음절로 된 단어를 연습해 보자

※ 주의할 것은 바로 성대를 진동시켜 /하나~/ 소리를 내는 것이 아니라 반드시 1~2초 호흡을 먼저 내뱉는 것이 중요하다.

(1~2초 호흡 뱉기) ~~하~~~나~~~~~ (남은 숨을 끝까지 다 뱉는다)

이런 식으로 첫음절을 길고 부드럽게 끌면서 자연스럽게

발음기관을 움직여 두 번째 음절로 이어 나가는 것이다.

예) 자신의 뱉는 호흡이 10초 정도 된다면

하	하나	하품	하모니
해	해결	해후	해돋이
히	히피	히터	히드라
호	호두	호빵	호박즙
후	후진	후드	후루룩

표12 : 성문음으로 시작하는 2음절, 3음절 단어

3) 하품/한숨 발성법과 부드러운 성대 접촉을 활용한 단문 읽기 훈련

아래와 같이 /ㅎ/으로 시작되는 단어로 구성된 문장을 읽어보자.

하루 한 번 화장하고 하품하는 하니

① 복식호흡으로 숨을 마시고 부드러운 성대 접촉 방법으로 7개의 각 단어를 연습한다.

(호흡) ~~하~~~루~~~~ / (쉬고, 다시 호흡) / ~~한~~~번~~~~ / (쉬고, 다시 호흡) / ~~화~~~장~~~~ / (쉬고, 다시 호흡) / ~~하~~~고~~~~ / (쉬고, 다시 호흡) / ~~하~~~품~~~~ / (쉬고, 다시 호흡) / ~~하~~~는~~~~ / (쉬고, 다시 호흡) / ~~하~~~니~~~~

② 두 단어씩 한 호흡으로 연습해 보자.

(호흡) ~하~~루~~한~~번~~~ (남는 숨 없이 다 소리 낸다) /

(쉬고, 다시 호흡) / ~화~~장~~하~~고~~~ (남는 숨 없이 다 소리 낸다) / (쉬고, 다시 호흡) / ~하~~품~~하~~는~~~ (남는 숨 없이 다 소리 낸다) / (쉬고, 다시 호흡) / ~~하~~~니~~~~

③ 문장을 한 번만 끊어 연습하자.

(호흡) ~하~루~한~번~화~장~하~고~~~ (남는 숨 없이 다 소리 낸다) / (쉬고, 다시 호흡) / ~하~품~하~는~하~니~~~~ (남는 숨 없이 끝까지 다 소리 낸다)

④ 호흡을 끊지 말고 부드럽게 문장을 발성해보자.

(호흡) 하루 한 번 화장하고 (호흡) 하품하는 하니

⑤ 부드럽게 발성되는 느낌이 없다면 다시 1번으로 돌아가 연습하고 발성이 부드럽게 잘 나온다면 /ㅎ/으로 시작되는 단어와 아닌 단어가 섞인 문장들을 읽어보자.

햄버거 가게에 핸드폰과 지갑을 두고 온 아버지
휴지 두고 화장실 와서 후회하는 호빵맨
호빵과 호떡을 사서 후후 불어먹는 호두가게 아이들
한국과 한류를 사랑하는 호주 사람들과 헝가리 사람들
후회하지말고 한라산에 가자고 하는 할머니와 할아버지

표13 : 성문음과 모음으로 시작하는 단문

※ 하품/한숨 발성법이나, 부드러운 성대 접촉은 조용한 곳에서 연습하길 권한다. 시끄러운 곳에서 훈련하면 자신의 소리가 피드백되지 않아 생각보다 크게 말하게 되거나 음도가 높아질 수 있다.

3. 공명 훈련

많은 사람이 발성할 때 목구멍에 초점을 두고 말을 한다. 물론 후두의 성대가 진동하여 소리가 만들어지는 것은 맞으나, 공명이 되지 않는다면 이 소리는 매우 약한 소리이다.

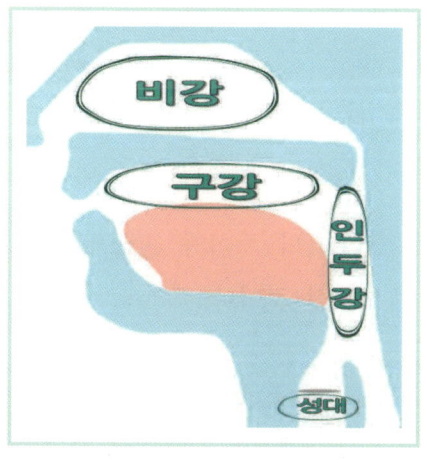

그림21 : 공명 기관

성대에서 만들어진 이 작은 소리는 목 뒤쪽의 인두강, 콧속 비강, 입속 구강 등 공명 기관을 통해 증폭되어 큰 소리로 바뀐다. 이것은 마치 동굴 속에서 작은 소리로 말해도 크게 울리는 것과 같다.

공명이 좋은 소리는 적은 노력을 기울여도 크고 깨끗하고 윤택한 소리가 나고, 공명이 적은 소리는 거칠고 무겁고 탁한 소음과 같은 소리가 난다.

그러므로 노화된 음성의 특징인 약한 소리, 거친 소리, 탁한 소리 등에 공명 훈련은 특히 좋은 훈련이라 하겠다.

1) 공명 훈련에 중요한 것은 자세를 똑바로 하는 것이다. 목이 좌우로 꺾이지 않고, 앞·뒤로 기울지도 않게 정면을 향해 앉거나 선다. 턱이 들리지 않게 주의한다.

2) 양손의 손가락을 눈 밑 광대, 코 옆쪽에 가볍게 대고 (그림22 붉게 칠한 부위) /아~~~/ 소리를 내 본다.

그림22 : 공명을 느끼는 부분

입을 다물고 허밍으로 /음~~~/ 소리를 내본다. 소리의 차이가 손끝에서 느껴질 것이다.

/아/라고 했을 때는 크게 느끼지 못했던 울림이 /음~/에서는 확실히 느껴진다.

3) 소리의 강도를 너무 크게 하지 말고 음도를 약간 높여 / 맴~ 맴~ 맴~ 맴~ / 하고 매미가 우는 소리를 내본다. 이때 코와 입술, 광대 쪽이 모두 울리는 것을 느껴본다. 소리가 미간, 코와 인중을 울리며 앞으로 나아가는 것이 느껴진

다면 공명이 잘되고 있다는 것이다.

4) 비음을 활용한 단어로 공명을 연습해 보자.

① 양손 손가락을 광대에 가볍게 올려놓고, 크게 숨을 마시고 음도를 약간 올려 보통 강도로 / 맴~ 맴~ 맴~ 맴~ 맴애애애앰~~~ /을 공명강(구강, 비강, 인두강)이 가장 잘 울리는 위치를 찾아 천천히 매미 소리를 낸다.

※ 평소 편하게 내는 소리보다 1~2음 정도 높게 소리를 내면 공명의 효과를 더욱 느낄 수 있다. 그러나 목이 아프거나, 너무 높은 음을 내거나, 너무 크게 소리를 내려고 하면 안 된다.

② 숨을 마시고 / 맴~ 맴~ 맴~ 맴~ 맴~ 매~~~미~~~ / 라고 맴맴~ 끝에 '매미'를 붙여 발성한다. 공명이 유지되게 발성해야 한다.

③ 숨을 마시고 / 맴~ 맴~ 맴~ 맴~ 맴~

맘~~~마~~~ / 라고 맴맴~ 끝에 '맘마'를 붙여 발성한다. 똑같은 방식으로 비음으로 이뤄진 아래 단어들을 발성해보자.

맴~	맴~	맴~	맴~	맴~	마 ~~~	녀 ~~~
맴~	맴~	맴~	맴~	맴~	미 ~~~	니 ~~~
맴~	맴~	맴~	맴~	맴~	미 ~~~	만 ~~~
맴~	맴~	맴~	맴~	맴~	나 ~~~	무 ~~~
맴~	맴~	맴~	맴~	맴~	낭 ~~~	만 ~~~

표14 : 비음으로 시작하는 단어

④ 위의 연습이 충분히 되었다면 비음으로 시작하는 짧은 문장을 연습해 보자.

먼저 큰 호흡을 마시고 자신이 가장 편하게 발성되는 음보다 1~2음 정도 높은 음도로 호흡이 끊어질 때까지 멈추지 말고 읽는다. 미간, 코, 인중, 입술의 공명이 느껴져야 한다.

나(솔♩) ~~ 무(솔♩)

(남자 F2 솔, 여자 F3 솔~라)

(크게 복식호흡) 나(솔♩)~~무(솔♩)~~무(솔♩)~~늬(솔♩)~~는(솔♩)~~ (남은 호흡 다 뱉기) / (쉬고, 다시 호흡) 나(솔♩)~~무(솔♩)~~나(솔♩)~~이(솔♩)~~~(남은 호흡 다 뱉기)

나무 무늬는 나무 나이.
많은 남자가 많은 돈을 원해.
메밀 먹는 하마 엄마와 밤만 먹는 문어 엄마.
네모 무늬 이응 무늬, 무늬 많은 마당 앞마당.
독립문(비음화로 **'동님문'**) 앞문(비음화로 **'암문'**이 됨) 닫는(비음화로 **'단는'**) 누나

표15 : 비음으로 시작하는 단문

 공명을 유지한 채 호흡을 끝까지 내뱉으며 문장을 길게 읽는 연습을 마쳤다면, 정상적인 음도와 빠르기로 편하게 읽어본다. 목도 편안하고, 소리도 커지고 울림이 많은 소리가 되어 있을 것이다.

⑤ 단문 연습이 되었다면 비음과 비음으로 시작되지 않는 단어가 섞인 아래와 같은 문장을 읽어보자.

나무 잎사귀 무늬는 빗금 줄무늬.
돈 많은 남자가 많은 권력을 원해.
메밀 감자 먹고 체한 하마와 군밤 먹고 자는 문어.
네모 세모 동그라미 무늬 없는 마당 뒷마당.
독립문 앞문에 매달린 매미 보고 웃는 누나

표16 : 비음과 비음으로 시작되지 않는 단어가 섞인 단문

⑥ 책을 꺼내 아무 페이지나 읽어보자. 공명이 잘 되고 있지 않다면 다시 한번 매미 소리를 내서 연습하고 돌아가 책을 읽자. 맴~ 맴~ 맴~ 맴~ 맴~ 매~~~미~~~

4. 목소리 강도 훈련

음성치료에서 목소리의 강도 조절은 말하고 있는 대상과의 거리를 인지하고 그 거리에 맞게 발성을 조절하는 훈련을 말한다.

1단계 : 가장 작은 소리로 바로 옆에 있는 사람에게 속삭이듯 말을 하는 것이다.

2단계 : 잠들어 있는 아이를 깨우지 않고 얘기하는 것으로 귓속말은 아니지만 아주 작은 소리로 말해야 한다.

3단계 : 일반적으로 너무 시끄럽지 않은 커피숍에서 사람들과 대화할 때 내는 소리 정도이다.

4단계 : 건널목 반대편에 있는 사람을 큰 소리로 부르는 정도이다.

5단계 : 싸우고 고함칠 때 내는 소리이다.

1단계 속삭이는 소리 　　　　2단계 자는 아이 옆에서 대화

3단계 조용한 카페/식당에서 대화　　4단계 건널목 반대쪽 사람 부를 때

5단계 큰소리로 다툴 때

그림23 : 목소리 강도 5단계 이미지

위와 같은 목소리 크기 단계를 이미지로 기억하고 말할 때 자신의 목소리가 몇 단계인지 의식한다면 적절한 강도로 말할 수 있다.

그러나 위의 방법보다 좀 더 과학적이고 가시적인 방법이 있다. 스마트폰에서 소음측정기 앱을 설치해 보자. 소음측정 앱은 소리를 dB로 표시해준다. 자신의 평소 목소리가 어느 정도인지 앱을 통해 확인해 보자.

먼저 소음측정기 앱을 켜면 현재 주변의 소음 정도가 표시될 것이다.

※ 주의할 점은 스마트폰의 마이크에 입을 대고 강도 측정을 하는 것이 아니라 최소 50cm 정도 떨어진 곳에 두고 측정을 해보는 것이다. 또한 너무 시끄럽거나, 너무 조용한 곳에서 측정하기보다 적당한 생활 소음이 있는 곳에서 측정하는 것이 좋다.

적당한 생활 소음은 소음측정기 앱을 켜면 30~40dB 정도가 기본적으로 나오는데 가정집에서도 TV나 음악을 틀지 않으면 이와 비슷할 것이다.

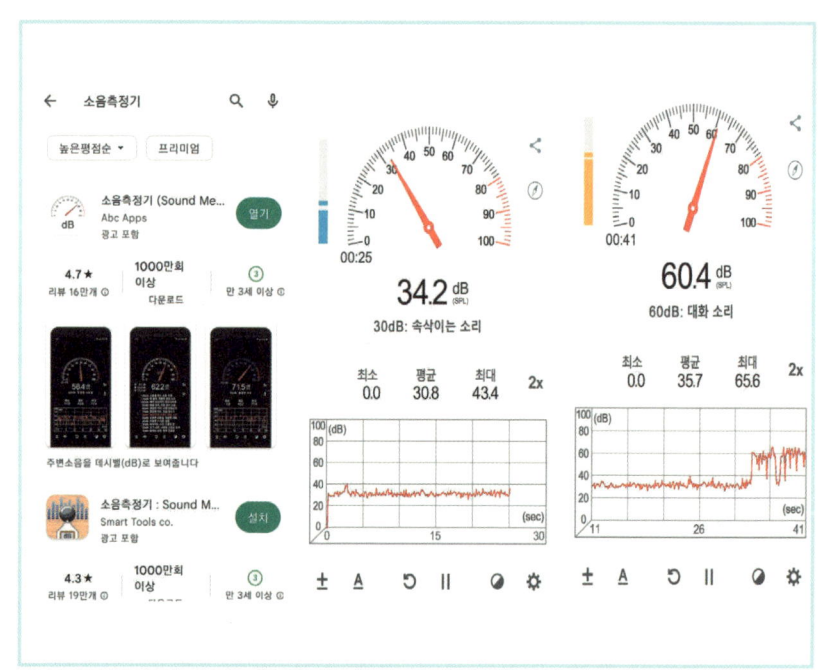

그림24 : 소음측정기 앱으로 측정한 속삭이는 소리와 대화 소리

다음 /아~~~~/를 길게 발성한다. 내가 낸 소리가 60dB 전후인지 확인해 보고, 너무 크거나 작다면 60dB에 맞춰 소리의 강도를 조절해 보자. 다음은 책을 읽어보면서 소리의 강도를 55~65dB 안의 범위에서 움직이도록 맞춰보자.

단계	데시벨	소음의 정도
1	30dB 전후	속삭이는 소리 정도
2	40dB 전후	자는 아이를 깨우지 않기 위해 조용히 말하는 정도 - 조용한 도서관
3	60dB 전후	생활 소음이 있는 곳에서 보통의 대화 정도 - 너무 시끄럽지 않은 커피숍에서의 대화
4	75dB 전후	혼잡한 차도 수준
5	90dB 이상	소음측정기 앱에서 인식이 되지 않을 수 있다.

표17 : 데시벨(dB)에 따른 소음의 정도

    1단계나 5단계는 훈련할 필요가 없고, 자신의 목소리 크기를 대략 알았다면 60dB 전후로 말하는 것을 습관화하자. 남성은 60dB 이하로 말하는 것을, 여성은 60dB 이상으로 말하려고 노력하면 노화로 인해 목소리 강도가 달라지는 것을 예방할 수 있다.

CHAPTER 3 시니어 스피치(Senior Speech)

시니어 스피치 훈련을 시작하기 전에 노화로 인한 언어 표현 능력에 어떤 변화가 있는지 살펴보자.

의미론적인 측면에서 노년기의 감퇴된 언어표현 능력은 보통 단어인출 결손에 따른 이름대기 능력의 저하를 의미하는 것으로…. (중략)…. 이를 통해 정상 노인들은 노화로 인해 이름대기 능력이 감소하며 이러한 변화로 인해 노인들은 일상생활에서 불편한 경험을 할 수도 있다고 보고 있다.

이름대기 능력의 손상으로 인해 노인의 발화에서는 언어적 방해(word blockage)가 나타나며 그 결과로 다음과 같은 4가지 특징을 보이게 된다(Critchley, 1984). 첫 번째 특징은 구어적 휴지(verbal standstill)로 이것은 단어인출의 갑작스러운 실패를 의미한다. 특히 이러한 양상은 명사 인출에서 더욱 드러나며, 이로 인해 말의 흐름이 중단되게 된다. 두 번째 특징은 도중에 문장 중단하기(aposiopesis)로 노인들은 단어 인출 시 순간적인 실패로 인해 문장을 끝마치지 못하고 남겨놓는 특징을 보이게 된다. 일반적으로 "뭐라 그러더라..", "그거.." 등과 같은 상투적인 표현으로 대치하게 된다. 세 번째 특징은 구어적 오염(verbal contamination)이다. 이것은 구어적인 다양성이 손상된 것으로 유의어 사용과 같은 구어적인 연상 능력이 노화로 인해 감소되는 것을 의미한다. 네 번째 특징으로는 불완전한 예시(defective exemplification)를 들 수 있는데, 이것은 노화로 인해 범주적 이름대기와 같은 단어 유창성 기술이 감소되는 것을 의미한다. 이것은 내재되어 있는 어휘에 접근하는 능력이 감퇴된 것을 의미한다.35)

위의 인용문을 통해 노인 언어적 특징을 이름대기 능력의 감소로 인한 말하다 멈추기, 문장을 끝맺지 못함, 유의어 사용의 감소, 불완전한 예시 등 4가지 특징으로 요약할 수 있다.

예를 들어 어떤 가수가 생각나 말하려는데 갑자기 가수 이름이 생각 안 난다. 오늘 아침 TV에 나왔는데 성별, 생김새, 그 가수의 노래 등등 모든 것이 다 떠오르는데 막상 가수의 이름이 생각나지 않아 "누구지?...저기...그 가수 있잖아…. 뭐지? 어…. 아침에 TV에 나왔는데…. 몰라…? 아이고 생각이 안 나네" 등과 같이 직접적인 명사를 말하지 못하고 원래 본인이 의도했던 말의 흐름이 끊겨 버린다.

또한 노화로 인해 다양한 어휘의 사용이 어려워진다. 막상 들으면 아는 단어이지만 익숙한 단어만 사용하다 보니 (이도

역시 이름대기의 어려움으로 인해 나타나는 현상이다) 단조롭게 말하게 된다. 풍부한 어휘를 사용하지 못하는 것이다.

이러한 현상은 노화를 경험하는 대다수 사람이 비슷하게 겪는 일이다. 이러한 이름대기 능력의 감퇴는 시니어가 사람들 앞에 나서서 말하는 것을 피하게 만든다. 적합한 단어를 떠올려 이야기를 이어 나갈 때까지 다른 사람들은 기다려 주지 않는다. 생각나지 않는 단어로 온종일 골몰하다 화가 나기도 하고 자존감이 떨어지기도 한다.

어떻게 극복할 수 있을까?

이에 제일 먼저 추천하는 방법은 '셀프 스피치(self speech)' 즉 혼자 말하기이다. 혼자 말할 때 다른 사람들은 신경 쓰지 않아도 되니 불필요한 긴장을 없앨 수 있다.

바로 3분 스피치를 동영상으로 촬영해보는 것이다.

그러나 혼자 말하기는 단기기억이 떨어지는 노화현상의 특성상 내가 무슨 말을 했는지, 했던 말을 반복하고 있는 건 아닌지 잘 기억나지 않을 수 있다. 그러므로 이를 녹화해 발성이나 발음, 말 습관, 말의 유창함 등등을 확인해 보자.

Ⅰ 동영상 촬영

동영상을 촬영해서 자신이 말하는 모습을 객관적으로 보는 것은 시각적, 청각적 피드백을 하게 해준다.

말할 때 숨이 차는지, 자주 멈추는지, 끊어 읽기가 적절하지 않아 내용 연결이 이상하다든지 (예: 아버지가 ∨ 방에 ∨ 들어가셨다. → 아버지∨가방∨에들어∨가셨다), 입술이나 아래턱을 거의 움직이지 않는지, 소리의 강도는 적절한지 객관적으로 관찰해볼 수 있다.

동영상 촬영 전에 얼굴근육 풀기를 충분히 시행하고, 발음 연습 후에 촬영을 시작하자.

1. 3분 스피치

3분 타이머를 맞추고 자기소개 영상을 촬영해보자.

1) 핸드폰을 삼각대에 고정하고 1m 정도 떨어진 곳에 눈높이에 맞춰 설치한다. (보통 커피숍에서 상대방이 앉은 위치

정도 거리를 두고 카메라를 설치한다.)

2) 머리부터 가슴 정도까지 잘 나오는지 확인해 보자.

3) 앞에 있는 카메라가 자신이 만나고 있는 상대라 생각하고 자기소개를 해본다. 3분 동안 계속 말하는 것이 생각보다 쉽지 않을 것이다. 그래도 끊지 말고 타이머가 울릴 때까지 나에 대해 계속 말해보자.

2. 문제 확인

촬영된 동영상을 보고 먼저 발성과 발음에 어떤 문제점이 있는지 확인해 보자.

1) 숨차다

영상 속의 내가 말하는 모습이 숨차 보인다면 복식호흡으로 숨을 가라앉히고, 문장을 짧게 말하자.

보통 의식하지 않고 책 읽기를 할 때 한번 마신 숨으로 글자 크기 10인 A4용지 한 줄의 ½ 정도 읽지만, 숨이 차다면 조금 더 짧게 끊어 5~10음절에 한 번씩 호흡을 마시는 것이 좋다.

예시: /(숨) 안녕하세요? /(숨) 저의 이름은 ○○○입니다. /(숨) 나이는 만○○이고 /(숨) 현재 거주하는 곳은 /(숨) ○○구 ○○동입니다. /(숨) 저는 은퇴 후 가족과 /(숨) 국내 여행을 즐기고 있고요. /(숨) 저의 취미는 /(숨) 음악 감상과 독서이고 /(숨) 친구들과 맛집 찾아다니는 것을 /(숨) 좋아합니다.

복식호흡을 의식하지 말고 편하게 숨을 마시되, 60dB 정도의 강도를 유지하자. 평소 목소리 보다 약간 저음으로, 급하지 않고 부드럽게 말한다.

2) 목소리가 너무 크거나 작다

카메라의 마이크 기능을 통해 녹음된 소리는 정확한 자신의 목소리 강도를 알기 어렵다. 하지만 처음에는 소리가 크다가 점점 소리가 줄어드는지, 반대로 소리가 점점 커지는지 확인해 볼 필요가 있다.

① 소리가 줄어드는 경우

먼저 부끄럽다거나 창피하다는 심인성(心因性) 요인이 있다. 혼자 찍고 마음에 안 들면 바로 삭제하면 그만이다. 편하게 목소리를 키워보자.

두 번째는 문장 초반은 괜찮으나 뒤로 갈수록 목소리가 작아지는 경우이다. 이는 숨을 충분히 마시지 않고 말하는 것으로, 숨이 부족한 채로 말하면 문장의 뒷부분으로 갈수록 소리의 강도가 줄어든다. 또한 복근에 힘이 없어도 강도가 약해진다. 가능하면 허리를 곧게 세우고 숨을 크게 마신 후 〈1)번 숨차다 예시(139쪽)〉와 같이 끊어 말하기로 호흡을 조절해 보자.

세 번째는 허기(虛飢)가 지거나 반대로 지나치게 과식(過食)한 경우이다. 너무 허기지면 발성, 발음 근육에 충분한 에너지가 공급되지 못해 뒤로 갈수록 말에 힘이 떨어지고, 과식의 경우 소화기관으로 혈류가 몰리고 위가 늘어나 횡격막의 운동 범위가 줄어든다. 이로 인해 복식호흡을 하기 어렵고, 말에 힘이 없어진다. 식후 2시간 이후 스피치 훈련을 하는 것이 좋다.

② 소리가 커지는 경우

심인성 요인은 말의 내용에 흥분해서 소리가 커지는 경우이다. 흥분하게 되는 말의 내용을 되새겨 보고 어떤 내용을 말할 때 흥분하는지 기억해서 다시 찍을 땐 좀 더 차분히 말하도록 해보자.

두 번째는 목소리가 안 나오는 것을 억지로 크게 말하려고 해서 강도가 커지는 것이다. 바람 빠진 듯한 소리가 나와 이를 잘 들리게 하려고 목에 힘을 주고 말하다 보니 소리가 커지는 것으로, 목에 힘을 줘 말하는 것은 매우 좋지 않은 방법이다.

이비인후과 진단상 특별한 문제가 없다면 평소 부드러운 성대 접촉 <2) 부드러운 성대 접촉 (118~119쪽) 참고>이나 공명 훈련 <3. 공명 훈련 (123~128쪽 참고)>을 해보자.

세 번째는 귀가 잘 들리지 않아 자신의 목소리가 상대방에게 들리지 않을 거라는 생각으로 크게 말하는 것이다. 이것은 가장 고치기 힘든 경우로 평소 자신의 목소리가 어느 정도 크기인지 잘 인지하고 목소리를 60dB 정도에 맞게 말하는 습관을 들여야 한다.

3) 발음이 나쁜 것 같다.

발음이 나쁘게 들리는 것은 여러 원인이 있다. 입술 모양이 비뚤어져서 일수도 있고, 아래턱이 움직이지 않아 웅얼거리는 느낌이 들 수도 있다. 특히 혀가 조음점(혀가 닿는 구강 내 발음 위치)에 제대로 닿지 않아 발음이 나쁠 수도 있다.

① 입술을 움직이지 않고 말한다.

입술을 움직이지 않고 말하면 (ㅂ, ㅃ, ㅍ, ㅁ, ㅡ, ㅛ, ㅜ, ㅠ, ㅚ, ㅟ) 와 같은 자음과 모음이 잘 안된다. 입술을 부딪쳐야 소리가 나는 자음 발음을 위해 확실히 입술을 움직이고, 목차 〈2. 자음과 모음 발음 위치를 결합한 발음 훈련 a 양순음 표6 : 양순음과 모음삼각도의 모음위치를 결합한 발음 (99쪽)〉을 집중적으로 연습해 보자.

② 아래턱이 움직이지 않고 입을 앙다문 것처럼 말한다.

(ㅏ, ㅑ) 와 같은 개방 모음은 아래턱이 벌어져 입이 열려야 소리가 정확히 난다. 목차에서 발음 훈련 〈1. 많이 알려진 방식의 발음 훈련 중 ('ㅏ', 'ㅑ' 'ㅘ') 가 들어간 음절을 세로로 연습하자. 표4 : 많이 알려진 방식의 발음 훈련 19개 자음과 21개 모음 (93쪽)〉

예: 가, 까, 나, 다, 따, 라⋯. 갸, 꺄, 냐, 땨 땨 랴⋯, 과, 꽈, 놔, 돠, 똬, 롸⋯

혹은 〈2. 자음과 모음 발음 위치를 결합한 발음 훈련 (100~103쪽) 참고〉에서 아래턱을 움직여야 하는 양순음을 제외한 나머지 반개모음과 개모음을 입을 크게 벌리고 하나씩, 그리고 연속으로 빨리 읽어보자.

치경음 : 대, 때, 태, 새, 쌔, 내, 래… 다, 따, 타, 사, 싸, 나, 라 …
경구개음 : 쟤, 쨰, 채, 저, 처… 자, 짜, 차
 …

또한 너무 두껍지 않은 코르크 마개를 구해 앞니에 물고 발음해보는 것도 도움이 된다. 코르크 마개를 입에 물고 〈3. 혀 비틀기 훈련 (104~107쪽) 참고〉을 정확히 읽어보자.

오랜 시간 습관적으로 입을 다물고 말을 했기 때문에 처음에는 매우 불편하고 턱관절이 아픈 느낌이 들지만, 광대뼈 부근을 마사지하고 조금씩 시간을 늘려나가면 발음이 조금씩 정확하게 들릴 것이다. 단 부정교합으로 턱에서 소리가 나는 사람은 하지 않는 것이 좋다.

③ 잘 모르겠는데 그냥 발음이 나쁜 것 같다.

〈STOP 볼펜? or 코르크 마개? (144쪽)〉를 참고해 연습해보자.

"목소리에 콤플렉스가 있어요. 성대가 긁힌 소리라고 할까, 거친 소리가 나다 보니. 해서, (관객이나 시청자께) 잘 들리지 않을까 봐 입에 볼펜 물고 발음 연습도 하고 발성 훈련도 하고 평소 연습하곤 합니다. 잘 들린다고 하시니 감사하네요."36) - 배우 박희순

"이날 조인성은 "이번 '안시성'에서 발음에 신경을 많이 쓴 것 같다"는 말에 "많이 연습했다. 후반 작업할 때도 많이 신경 썼다"고 말문을 열었다. 이어 "볼펜도 물어가면서 연습하고 발음 교정기도 사용해서 노력했다. 그런 노력들을 계속하고 있고 평생 해야 한다고 생각한다"며 "지금도 어느 선배님은 발음 교정기 끼고 하나하나 연습을 하고 있다"고 설명했다."37) - 배우 조인성

첫 번째는 배우 박희순씨 두 번째는 배우 조인성씨의 인터뷰이다. 위와 같이 유명 배우나 아나운서가 볼펜 물고 발음 연습을 꾸준히 하고 있다는 기사는 종종 접했을 것이다.

볼펜이나 발음교정기, 코르크 마개를 물고 발음 연습하는 것은 혀에 방해물을 극복하기 위한 유연성과 활동성을 증가시켜 혀의 가동범위를 넓혀준다.

그래서 볼펜이나 코르크 마개를 물고 어려운 발음 연습을 한 후 볼펜을 빼고 말하면 혀도 부드럽고 발음이 훨씬 좋아지는 것을 느낄 수 있다.

보통은 볼펜이나 발음교정기를 쓰지만, 입을 벌리지 않고 말하는 습관이 있다면 앞니에 코르크 마개를 물고 연습하기를 권한다.

그러나 주의할 점이 있다. 볼펜은 얇고 딱딱하므로 입에 물고 오랜 시간 연습하면 턱관절에 무리가 오고 입술 끝이 터질 수 있다.

볼펜보다는 말랑한 소재인 플러스펜을 랩으로 감싸 10분 이내로만 연습하거나 혹은 실리콘 소재의 발음교정기도 판매하고 있으니 이를 활용해도 좋다.

코르크 마개 또한 너무 세게 물면 부서지고, 침이 묻은 코르크는 위생상 좋지 않기 때문에 일회용 랩으로 감싸고 연습하는 것이 좋다.

코르크 마개나, 볼펜, 발음교정기를 물고 〈3. 혀 비틀기 훈련 (104~107쪽) 참고〉을 하루 한 번 읽는 습관을 들이면 발음이 확실히 부드러운 것을 느낄 것이다.

3. 다양한 주제 말하기

: 3분 스피치의 주제를 정해 보자. 자기소개라 하면 한마디로 끝낼 수도 있고, 몇 날 며칠 밤을 새워도 모자란 인생 이야기일 수도 있다. 그러므로 3분 동안 어떤 주제에 대해 말할 것인지 생각해 보고 간단히 말의 흐름을 메모하여 이야기해 보자.

예를 들어 자기소개 영상이 나의 학창 시절이라면? 나의 성격의 장단점이라면? 나의 직업적 경력에 관해서라면? 나의 특기 혹은 취미라면? 이렇게 주제를 한정하면 3분을 채우는 것은 그리 어렵지 않을 것이다.

평소 생각해 보지 못한 다양한 주제로 스피치를 해보는 것은 발성, 발음 훈련의 연장선임은 말할 필요도 없고, 더하여 자기 자신의 다양한 면모를 새롭게 발견하게 될 것이다. 혼자 동영상을 촬영할 때뿐만 아니라 가족이나 친구, 지인들과 200문 200답에 나오는 다양한 주제로 대화를 해보자. 나와 타인의 다름을 이해할 수 있고, 말하기를 즐길 수 있는 좋은 방법이다.

위에서 말한 발성 발음 문제점을 주의해서 3분 동안 주제를 정해 말하되 결말까지 깔끔하게 끝내도록 해보자.

① 이름

1. 이름 한자 뜻은 무엇인가?
2. 부모님이 내 이름 지었을 때 에피소드는?
3. 학창 시절 이름과 관련된 별명 혹은 에피소드는?
4. 영어 이름(nick name)은 무엇이고 왜 그걸로 정했나?
5. 이름을 바꾸고 싶었던 적이 있나? 있다면 언제 왜?
6. 내가 갖고 싶은 이름은?
7. 내가 쓰는 이메일 뜻은?
8. 온라인 속에서 쓰는 이름 혹은 별명은?
9. 게임을 한다면 게임 유저명은?
10. 카톡 프로필 이름은 무엇으로 했는지? …

② 생일

1. 내가 태어난 해에 일어난 역사적 사건은?
2. 내가 태어난 계절 혹은 태어난 날과 관련된 에피소드가 있다면?

3. 나의 12간지는 무엇이고 띠와 관련한 에피소드는?
4. 나의 별자리는 무엇이고 별자리 운세를 본 적이 있는지?
5. 사주팔자, 타고난 운명이 있다고 믿는지?
6. 가장 기뻤던(행복했던) 생일은 언제?
7. 가장 슬펐던(기억하고 싶지 않은) 생일이 있다면 언제 왜?
8. 올해 생일선물로 받고 싶은 것 3가지
9. 나 자신에게 생일선물을 준다면 무엇을 줄까? (물질적 선물 포함)
10. 내가 기억하는 다른 사람의 생일은 몇 명인가? …

③ 외모

1. 내 키의 장점(단점)은 무엇이다.
2. 내 인생 최대 혹은 최소 몸무게와 몸무게를 빼기(찌기) 위해 이런 일까지 해봤다.
3. 키나 몸무게에 대한 고정관념에 대해 난 이렇게 생각한다 (예: 키가 크면 싱겁다, 뚱뚱하면 미련하다. 작은 고추가 맵다.)
4. 나는 지금 내 외모에 만족한다(만족하지 않는다)면 이유는?
5. 나는 내 얼굴이 나이 들면서 더 좋아졌다고 생각한다(생각하지 않는다)면 왜인가?
6. 젊었을 때 나의 외모에서 가장 자신 있는 것은 ○○이었고, 지금 가장 자신 있는 것은 ○○이다. 이유는?
7. 관상을(믿는다면) 내 관상은? (믿지 않는다면) 이유는?
8. 외모를 바꾸기 위해 노력한 적이 있다면 어떤 노력을 했

나?
9. 다시 태어난다면 나는 ○○같은 외모로 살고 싶다. 이유는?
10. 살아보니 외모는 중요하더라(중요하지 않더라)고 생각한다면 이유는? …

④ **성격**

1. 내 성격을 한마디로 정의하자면? 내가 생각하는 나와 지인들이 보는 내 성격은 어떻게 다른가?
2. 살면서 성격이 변했다면 그 계기는 언제 무엇 때문인가?
3. 내가 좋아하는(싫어하는) 내 성격은? 가족들이 좋아하는(싫어하는) 내 성격은?
5. 내 본성과 다른 행동을 한 적이 있다면?
6. 나는 스트레스 받으면 어떻게 해소하는 성격인가?
7. 내 성격상 처음 만나는 사람들과도 스스럼없이 어울릴 수 있다?
8. 외국에 나가면 내가 달라지는 것 같다?
9. 혈액형별 성격유형을 본 적이 있다면 나한테 딱 맞다?
10. 나의 MBTI는 무엇이고 내 성격과 딱 일치한다고 생각하나? …

⑤ **하루**

1. 나의 요즘 일과를 설명하자면?
2. 나의 수면 패턴은? 꿈을 잘 꾸고 기억이 나는가?
3. 내가 아침에 일어나서 제일 먼저 하는 일과 이유는?

4. 자기 전에 하는 일과 이유?
5. 하루도 빼놓지 않고 하는 일이 있다면?
6. 아침 식사(하루 세끼)를 꼭 챙겨 먹는지?
7. 잠이 안 올 때 하는 행동?
8. 하루 중 가장 행복한 시간은 언제인가?
9. 규칙적으로 운동을 한다면 무엇을, 얼마나 하나? 안 한다면 왜?
10. 오늘 가족(친구)들과 대화했다면 무슨 이야기를 나누었나? 안 했다면 왜? …

⑥ 음식

1. 좋아하는(싫어하는) 음식은?
2. 나는 요리하는 것을 좋아한다(싫어한다) 왜?
3. 한식(양식, 중식, 일식, 동남아식…) 중 가장 좋아하는(싫어하는) 음식은?
4. 한 번쯤 먹어보고 싶은 음식은 무엇인가?
5. 내가 잘 만드는 음식은? 필살기 요리는?
6. 내가 요리할 때 중요하게 생각하는 것은?
7. 내가 식당을 찾을 때 가장 먼저 고려하는 것은?
8. 나는 맛집을 찾아다니는 스타일인가?
9. 먹방이나 요리 프로그램을 즐겨본다면 이유는? 안 본다면 이유는?
10. 내가 먹어 본 가장 이국적인 음식은? …

⑦ 음악

1. 인생 노래 혹은 나에게 특별한 노래가 있다면 어떤 곡이고 왜?
2. 가장 좋아하는(싫어하는) 음악 장르는?
3. 가장 좋아하는 노래(음악) 3곡을 꼽는다면?
4. 노래방 가면 항상 부르는 노래 18번은?
5. 요즘 자주 듣는 노래나 음악은?
6. 학창 시절 즐겨 듣던 노래와 떠오르는 에피소드는?
7. 연애할 때를 떠올리게 하는 노래와 에피소드는?
8. 내 인생 마지막 날에 듣고 싶은 노래는?
9. 가장 좋아하는 가수(연주자)가 나를 위해 불러줬으면 하는 노래(음악)는?
10. 내가 행복할 때 듣는 노래와 우울할 때 듣는 노래는?
…

⑧ **영화(드라마)**

1. 인생 영화 혹은 특별히 기억나는 영화가 있다면 무엇이고 왜?
2. 가장 좋아하는(싫어하는) 영화 장르는?
3. 최근 인상 깊은 영화(드라마)나 드라마는?
4. 요즘 즐겨보는 영화(드라마)는?
5. 내 기억 첫 영화(드라마)와 학창 시절 좋아한 영화(드라마)는?
6. 내가 영화의 주인공이라면 내 영화 장르는?
7. (나를 주인공으로) 내 인생을 실화로 만든 영화가 있다면 내 역할은 어떤 배우가 하면 좋을까?
8. 가장 좋아하는 한국(외국) 배우는?

9. 내가 좋아하는 배우가 지금 여기 있다면 무엇을 하고 싶나?
10. ○○○에게 이런 영화(드라마)를 추천하고 싶다. …

⑨ 책

1. 인생 책은 무엇이고 인상 깊었던 내용이나 혹은 구절은?
2. 가족(부모님, 형제, 자녀, 친구, 동년배, 아랫세대)에게 추천하고 싶은 책?
3. 내가 좋아하는(싫어하는) 책 장르는?
4. 초등학교 시절 기억나는 책이 있다면?
5. 중고등학교 시절 교과서나 참고서와 관련된 에피소드가 있다면?
6. 대학 시절 주로 많이 읽었던 책 장르와 가장 기억나는 책은?
7. 나의 인생의 전환점(연애, 결혼, 출산, 양육, 취직, 퇴직…)에 기억나는 책과 에피소드는?
8. 앞으로 내가 읽고 싶은 책은?
9. 책을 읽으며 가장 많이 웃었던(슬펐던, 분노했던, 행복했던) 순간이 기억난다면?
10. 내 인생이 한 권의 책이라면 제목은? …

⑩ 취미와 특기

1. 나의 특기는?
2. 나의 특기는 타고난 것이다 아니면 오랜 시간 훈련한 것이다?

3. 내 특기를 만들기 위해 어떤 노력을 했나? 가장 기억나는 것은?
4. 특기로 부수입을 얻은 적이 있다면?
5. 특기 때문에 생긴 에피소드는?
6. 내 취미는 무엇이고 언제부터 생겼나?
7. 내 취미를 위해 한 달 평균 어느 정도의 시간과 비용을 쓰나?
8. 내 취미나 특기 덕분에 가장 행복했던(힘들었던) 에피소드가 있다면?
9. 내가 갖고 싶은 친구의 특기나 취미가 있다면?
10. 돈에 제약이 없다면 갖고 싶은 취미는? …

⑪ **학창 시절**(초등학교, 중학교, 고등학교, 대학교)

1. 학창 시절(초등학교, 중학교, 고등학교, 대학교) 나는 어떤 학생이었나?
2. 학창 시절(초등학교, 중학교, 고등학교, 대학교) 하면 제일 먼저 떠오르는 그림과 에피소드는?
3. 학창 시절(초등학교, 중학교, 고등학교, 대학교) 가장 기억나는 친구와 에피소드는?
4. 학창 시절(초등학교, 중학교, 고등학교, 대학교) 가장 기억나는 선생님과 에피소드는?
5. 학창 시절(초등학교, 중학교, 고등학교, 대학교) 크게 아팠거나 다쳤던 경험이 있다면?
6. 학창 시절(고등학교, 대학교) 몰래 연애한 경험이 있다면?
7. 학창 시절(중학교, 고등학교, 대학교) 가장 큰 일탈은 무

엇이며 왜?
8. 학창 시절(초등학교, 중학교, 고등학교, 대학교)을 떠올리고 싶지 않다면 이유는 무엇인가? 혹은 학창 시절로 돌아가고 싶다면 이유는?
9. 나는 학창 시절 부모님(혹은 선생님)께 거짓말하고 ○○한 적이 있다?
10. 내가 고등학생(대학) 이었을 때와 요즘 고등학생(대학생)의 가장 큰 차이는 무엇이라고 생각하나? 요즘이 더 좋아졌다면(나빠졌다면) 이유는? …

⑫ -1 이성과 결혼(기혼자)

1. 내 아내(남편)를 한마디로 표현하자면?
2. 지금 아내(남편)가 나의 이상형이었다?
3. 내 아내(남편)의 가장 큰 매력은?
4. 지금 아내(남편)와 결혼을 결심한 이유는?
5. 신혼여행은 어디로 갔으며 그때 생각나는 에피소드가 있다면?
6. 지금 아내나 남편에게 살면서 가장 고마웠던(감동한) 기억은?
7. 최근 아내(남편)에게 조금 서운했던 적은? 반대로 미안했던 적은?
8. 가장 최근에 남편이나 아내에게 받은 선물은?
9. 살면서 아내(남편)가 했던 말 중 잊히지 않는 말은?
10. 만약 내일 아내(남편)가 갑자기 사라진다면? …

⑫ -2 이성과 결혼(싱글)

1. 내가 결혼하지 않은 이유는?
2. 내 이상형은? 유명인으로 치면 누구?
3. 나는 연상(혹은 연하 혹은 동갑)이 좋다(싫다)? 이유는?
4. 나의 첫사랑과 마지막 사랑은?
5. 20대 연애 시절 기억나는 행복한(슬픈) 에피소드?
6. 연애할 때 나는 이런 여자(남자)에게 끌린다?
7. 연애할 때 나도 몰랐던 나의 다른 모습을 보았다면?
8. 가장 연애를 짧게 한 기간과 헤어진 이유?
9. 사랑해서는 안 될 사람을 사랑한 적이 있다면?
10. 나는 결혼에 대해 긍정적 (부정적)이다 이유는? …

⑬ **미래**

1. 요즘 가장 하고 싶은 것은 무엇인가?
2. 인생 좌우명은 무엇이고 이유는?
3. 나는 내 노후가 걱정된다(걱정 없다)면 이유는?
4. 내 미래에 다시 겪고 싶지 않은 일이 있다면?
5. 죽을 때 유언으로 남기고 싶은 말이 있다면 누구에게 무엇인가?
6. 내가 죽으면 내 장례식은 어떻게 해주길 원하나?
7. 내 묘비명을 직접 쓴다면?
8. 만약 환생한다면 나는 다음 생에 어떤 삶을 살고 싶은가?
9. 앞으로 1년 안에 꼭 하고 싶은 일이 있다면?
10. 죽기 전에 꼭 이루고 싶은 버킷리스트 5개를 꼽자면? …

⑭ 가족

1. 내 부모님은 어떤 분이셨나?
2. 내가 부모님 혹은 형제와 가진 기억 중 가장 오래된 기억은?
3. 내가 부모님을 닮고 싶은 점(닮고 싶지 않은 점)?
4. (형제가 있다면) 내 형제는 나보다 이런 점이 낫다(못하다).
5. (형제가 없다면) 형제 있는 친구들이 부러웠다면 이유는? 부럽지 않다면 이유는?
6. (자식이 있다면) 내 자식은 내 자식이지만 나와 정말 다르다고 느끼는 점이 있다면?
7. (자식이 있다면) 자식은 나에게 ○○이다. 이유는?
8. (자식이 없다면) '무자식이 상팔자'라는 말에 공감한다(하지 않는다)면 왜?
9. 가족과 떨어져 혼자 있고 싶다고 느낀 적이 있다면 왜?
10. 가족이 힘이 된다고 느낀 적이 있다면 언제 왜? …

⑮ 친구

1. 가장 친한 친구는 누구이며 언제 어떻게 친해졌나?
2. 지금 가장 먼저 떠오르는 친구 한 명과 그 친구를 떠올리면 생각나는 사연은?
3. 순수한 이성 친구가 있다면 동성 친구와 어떻게 다른가?
4. 친한 친구에게 감동한 사연이 있다면?
5. 서운하거나 실망한 일로 안 만나는 친구가 있다면 왜인가?

6. 친구가 약속 시간에 1시간 늦었을 때 나는 어떻게 하나? 반대로 내가 약속 시간에 1시간 늦었을 때 내 친구는?
7. 존경하는 친구가 있다면 어떤 친구인가?
8. 최근에 친해진 친구가 있다면 어떤 사연인가?
9. 지금은 연락하지 않지만 가장 보고 싶은 친구는?
10. 나는 성별, 나이, 국적, 정치, 종교 등과 상관없이 친구 한다(못 한다). 이유는? ⋯

⑯ 건강

1. 요즘 (건강검진 결과표 상) 내 건강은 2년 전에 비해 어떤가?
2. 건강과 관련된 고민이 있다면?
3. 건강을 위해 약이나 영양제 이외에 하는 것은?
4. 건강을 위해 챙겨 먹는 영양제는 몇 가지인가?
5. 지금까지 가장 아팠던 적은 언제 무엇 때문인가?
6. 몸이 아플 때 생각나는 사람이 있다면 누구이고 왜인가?
7. 내 정신 건강은 문제 있다(없다)면 왜 그런가?
8. 마음의 병이 육신의 병보다 심각하다고 생각한다(생각하지 않는다)면 왜인가?
9. 감기나 특정 질병에 대한 나만의 특효약 혹은 비법이 있다면 무엇인가?
10. 수술한 적이 있다면 왜 무엇 때문인가? ⋯

⑰ 여행

1. 여행을 좋아한다(싫어한다)면 왜인가?

2. 지금 바로 여행 갈 수 있다면 가고 싶은 나라(지역)는 어디인가?
3. 국내 여행이 좋은가? 외국 여행이 좋은가?
4. 자유 여행이 좋다면 계획할 때 가장 먼저 고려하는 사항은?
5. 패키지여행을 해봤다면 장단점은 무엇인가?
6. 지금까지 가 봤던 여행지 중 친구에게 추천하고 싶은 곳은?
7. 여행 중 가장 당황했던(황당했던) 기억이 있다면 무엇인가?
8. 여행 중 가장 인상 깊었던 장면은 무엇이었나?
9. 여행에서 만난 특별한 사람이 있다면 어떤 사람인가?
10. 만약 타임머신을 타고 시공간을 초월해 여행 갈 수 있다면 언제 어디로 가고 싶은가? …

⑱ 반려동물(식물)

1. 현재 반려동물이나 반려식물을 키운다면 계기는 무엇인가?
2. 과거에는 키웠으나 현재 키우지 않는다면 이유는?
3. 반려동물(식물)을 키우는 장점은?
4. 반려동물(식물)을 키울 때 가장 힘든 점은?
5. 반려동물(식물)을 키우지는 않지만 앞으로 키운다면 나의 선택은?
6. 반려동물(식물)과 가장 행복했던 기억이 있다면 언제인가?
7. 나는 강아지가 고양이보다 더 좋다(아니다 고양이가 더

좋다)면 이유는?
8. 반려동물(식물)이 사람보다 혹은 가족보다 낫다고 느낀 적이 있다면 왜인가?
9. 반려동물(식물)은 세상에서 가장 나를 좋아할 것이다(아니다)라고 생각한다면 이유는?
10. 반려동물(식물)을 키우면서 내가 달라졌다면 어떻게 달라졌나? …

⑲ 나의 TMI(Too Much Information) I

1. 나의 특이한 습관이나 버릇이 있다면 무엇인가?
2. 좋아하는(싫어하는) 계절과 이유는?
3. 즐겨보는 유튜브 방송이 있다면?
4. 내가 좋아하는(싫어하는) 색깔?
5. 세상에서 가장 무서운 것은 무엇이라고 생각하나?
6. 내가 가진 것 중 가장 오래된 것과 비싼 것, 가장 아끼는 것은?
7. 내가 가진 것 중 쓸모없는데도 버리지 못하는 것은?
8. 요즘 가장 갖고 싶은 물건은?
9. 내가 경험한 가장 신기했던(무서웠던, 황당했던) 기억은?
10. 현재 카톡(블로그) 프로필 사진은 어떤 것이며 선택한 이유? …

⑳ 나의 TMI(Too Much Information) II

1. 지금 돈(십만 원, 백만 원, 천만 원, 일억, 십억, 백억)이 생긴다면 어떻게 쓸 것인가?

2. 10년 전 나에게 해주고 싶은 말이 있다면?
3. 나의 주량과 좋아하는 주종은?
4. 술과 관련된 좋았던(나빴던) 에피소드가 있다면?
5. 내가 자주 쓰는 말 혹은 말 습관(예: 일단, 어쨌거나, 뭐야 등)이 있다면 무엇인가?
6. 무인도에 가져갈 3가지는?
7. 내가 초능력자라면 가지고 싶은 능력은?
8. 지난 1년 동안 희로애락과 관련된 기억나는 일은?
9. 지난 일주일 사이 내가 한 행동 중에 스스로 잘했다(못했다)고 느끼는 일은?
10. 지금 바로, 이 순간 드는 생각은? …

※ 위의 질문은 순서와 상관없이 동영상 찍을 때 하나의 주제로 삼아 이야기하면 된다. 위 질문 이외에도 정치, 경제, 종교, 외교 등등 정말 많은 주제를 추가할 수 있다.

II 시 낭송

국어사전에 따르면 시(詩)는 자연이나 인생에 대하여 일어나는 감흥과 사상 따위를 함축적이고 운율적인 언어로 표현한 문학 형태이다. 시를 낭송하며 시의 아름다운 언어의 맛을 살려보자.

소리를 내서 글을 읽는 낭독은 자신의 말하기 습관을 잘 알 수 있게 해주고, 말의 유창성을 높이는 데 도움이 된다. 또한 낭독은 눈으로 글을 읽는 묵독에 비해 뇌를 더욱 활성화하게 만든다.

"큰 소리로 읽게 되면 언어중추가 있는 측두엽 상부가 많이 움직이게 되고, 고위정신기능과 사고 창의적 기능, 인식 기능을 하는 전두엽 하부가 활성화되고, 맨 위에 있는 운동중추도 많이 움직이게 된다. 일정한 소리를 내면서 책을 읽게 되면, 뇌의 더 많은 영역이 움직이면서 뇌 발달에 더 유익합니다."

〈기자〉
낭독은 노년층에게도 도움이 됩니다. 일본 도호쿠대학의 연구 결과를 한 번 보시면요. 60세 이상의 노인들에게 6개월간 꾸준히 낭독을 시켰더니, 그렇지 않은 노인들에 비해 기억력이 20%가 향상됐다고 합니다. 치매 예방과 치료에도 낭독이 중요한 역할을 한다는 거죠.[38]

이처럼 낭독은 치매 예방을 위해 널리 권장되는 방법으로 큰 시간과 비용을 들이지 않고 집에서 쉽게 실천할 수 있는 좋은 스피치 훈련 겸 치매 예방법이다.

똑바로 앉거나 서서 시를 낭송해 보자. 낭독은 글을 소리 내어 읽는 것이고, 낭송은 리듬과 운율을 좀 더 살려 읽는 방법이다.

먼저 자기 자신이 시인이 되어, 독자들 앞에서 시 낭송회를 열었다고 가정하고 시 낭송 빠르기를 다양하게 해보자. 같은 시라도 느낌이 다를 것이다. 아주 빨리 읽어보고, 두 번째는 최대한 아주 천천히 느리게 읽고, 세 번째는 자신이 생각하는 적정 빠르기로 낭송해 본다. 강도는 자신의 가장 편한 목소리 톤으로 60dB 정도를 유지한다.

여러 번 낭송하며 시의 내용과 정서가 숙지 되면 마지막으로 시인이 나눈 문단에 맞춰 호흡과 휴지(休止:멈춤, pause)를 다양하게, 리듬과 운율을 살려 아래의 시를 낭송해 보자.

예를 들어 윤동주 시인의 〈서시〉를 읽는다면 다음과 같이 읽어보자. 강도는 60dB, 빠르기는 전체 30~40초에 맞춰 낭송한다. (숨 마시는 것을 (V) , 휴지는 (P) 로 표기하였고, (P) 는 1~2초 정도 호흡을 멈추는 것이다.)

(V) 죽는 날까지 (P) 하늘을 우러러

(V) 한 점 부끄럼이 없기를

(V) 잎새에 이는 바람에도

(V) 나는 (P) 괴로워했다.

(V) 별을 노래하는 마음으로

(V) 모든 죽어 가는 것을 (P) 사랑해야지

(V) 그리고 나한테 주어진 길을

(V) 걸어가야겠다.

(V) 오늘 밤에도 (P) 별이 (P) 바람에 스치운다.

윤동주
서시

죽는 날까지 하늘을 우러러
한 점 부끄럼이 없기를,
잎새에 이는 바람에도
나는 괴로워했다.

별을 노래하는 마음으로
모든 죽어 가는 것을 사랑해야지
그리고 나한테 주어진 길을
걸어가야겠다.

오늘 밤에도 별이 바람에 스치운다.

한용운 시인의 〈님의 침묵〉은 다른 시에 비해 장문으로 되어 있어 끊어 읽기를 다양하게 시도해볼 수 있다.

다음과 같이 읽어보자. (숨 마시는 것을 (V), 휴지는 (P)로 표기하였고, (P)는 1~2초 정도 호흡을 멈추는 것이다.)

① 먼저 '님'이 떠나갔으나 담담한 화자(話者)의 느낌을 살려 보자. (약 20초 정도의 빠르기로 읽어보자)

〈물론 시적 화자가 말하는 '님'은 시인이 승려였으므로 불교와 관련 짓거나, 일제강점기의 독립운동가였음을 생각하면 '조국'이 될 것이다. 그러나 여기서는 직관적으로 보이는 말 그대로 '님', 사랑하는 사람이라 생각하고 낭독해 보자.〉

(V) 사랑도 사람의 일이라 (P) 만날 때에 미리 떠날 것을 (V) 염려하고 경계하지 아니한 것은 아니지만, (V) 이별은 (P) 뜻밖의 일이 되고 (V) 놀란 가슴은 (P) 새로운 슬픔에 터집니다.

② 이번엔 '님'이 떠난 것을 슬퍼하는 느낌으로 조금 천천히 읽어보자. (약 30초 정도의 빠르기에 조금 저음으로 읽어보자.)

(V) 사랑도 (P) 사람의 일이라 (V) 만날 때에 (P) 미리 떠날 것을 염려하고 (V) 경계하지 아니한 것은 (P) 아니지만, (V) 이별은 (P) 뜻밖의 일이 되고 (V) 놀란 가슴은 (P) 새로운 슬픔에 (P) 터집니다.

어떤가? 느낌이 다르지 않은가? 시에 풍부한 정서를 가득 담아 다양한 감정으로 위의 시뿐만 아니라 평소 자신이 좋아하는 시인의 작품을 읽어보자.

한용운

님의 침묵

님은 갔습니다. 아아, 사랑하는 나의 님은 갔습니다.

푸른 산빛을 깨치고 단풍나무 숲을 향하여 난 작은 길을 걸어서 차마 떨치고 갔습니다.

황금의 꽃같이 굳고 빛나던 옛 맹세는 차디찬 티끌이 되어서 한숨의 미풍에 날아갔습니다.

날카로운 첫 키스의 추억은 나의 운명의 지침을 돌려놓고 뒷걸음쳐서 사라졌습니다.

나는 향기로운 님의 말소리에 귀먹고 꽃다운 님의 얼굴에 눈멀었습니다.

사랑도 사람의 일이라 만날 때에 미리 떠날 것을 염려하고 경계하지 아니한 것은 아니 지만, 이별은 뜻밖의 일이 되고 놀란 가슴은 새로운 슬픔에 터집니다.

그러나 이별을 쓸데없는 눈물의 원천을 만들고 마는 것은 스스로 사랑을 깨치는 것인 줄 아는 까닭에, 걷잡을 수 없는 슬픔의 힘을 옮겨서 새 희망의 정수박이에 들어부었습니다.

우리는 만날 때에 떠날 것을 염려하는 것과 같이 떠날때에 다시 만날 것을 믿습니다.

아아 님은 갔지마는 나는 님을 보내지 아니 하였습니다.

제 곡조를 못 이기는 사랑의 노래는 님의 침묵을 휩싸고 돕니다.

박인환

세월이 가면

지금 그 사람 이름은 잊었지만
그의 눈동자 입술은
내 가슴에 있네.

바람이 불고
비가 올 때도
나는 저 유리창 밖
가로등 그날의 밤을 잊지 못하지

사랑은 가고
옛날은 남는 것

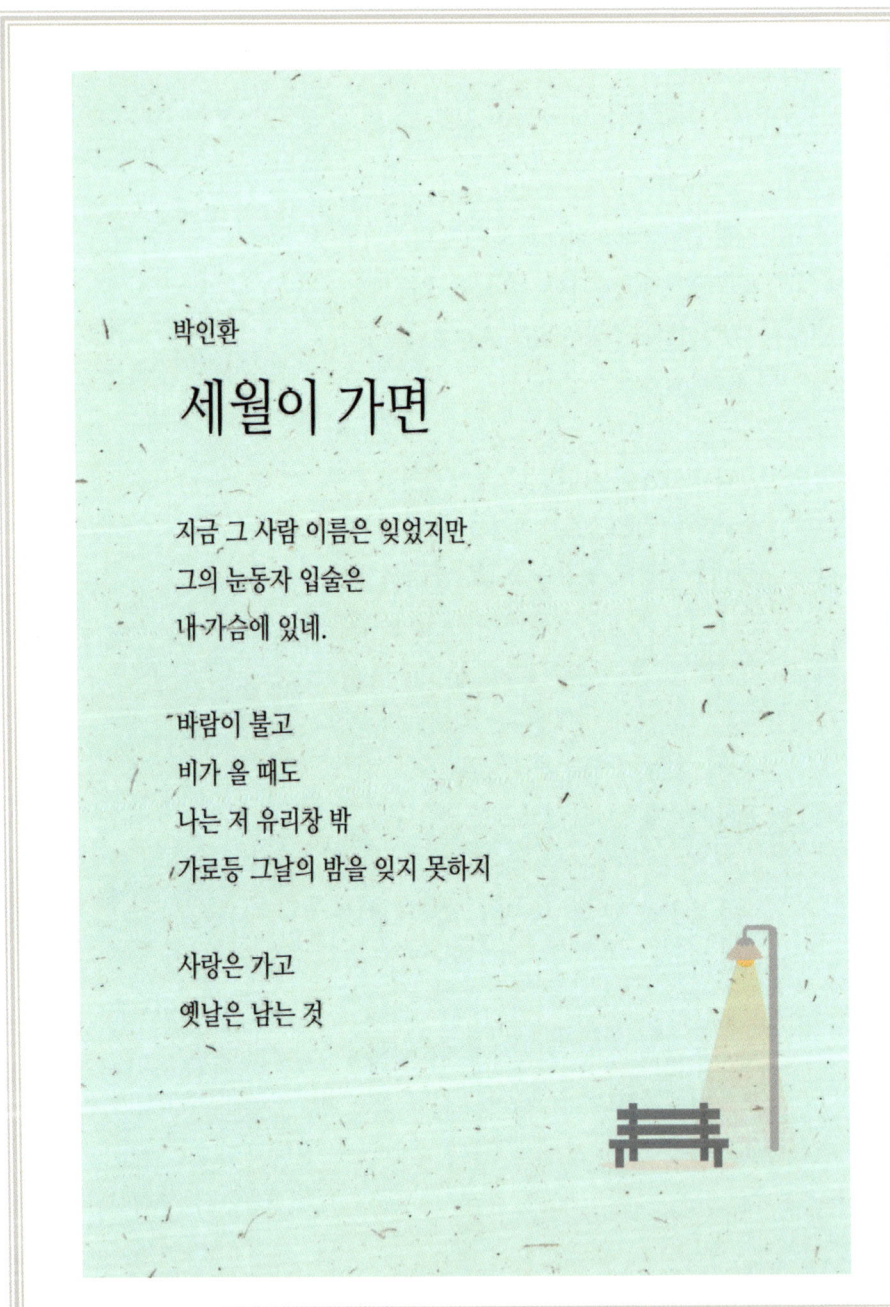

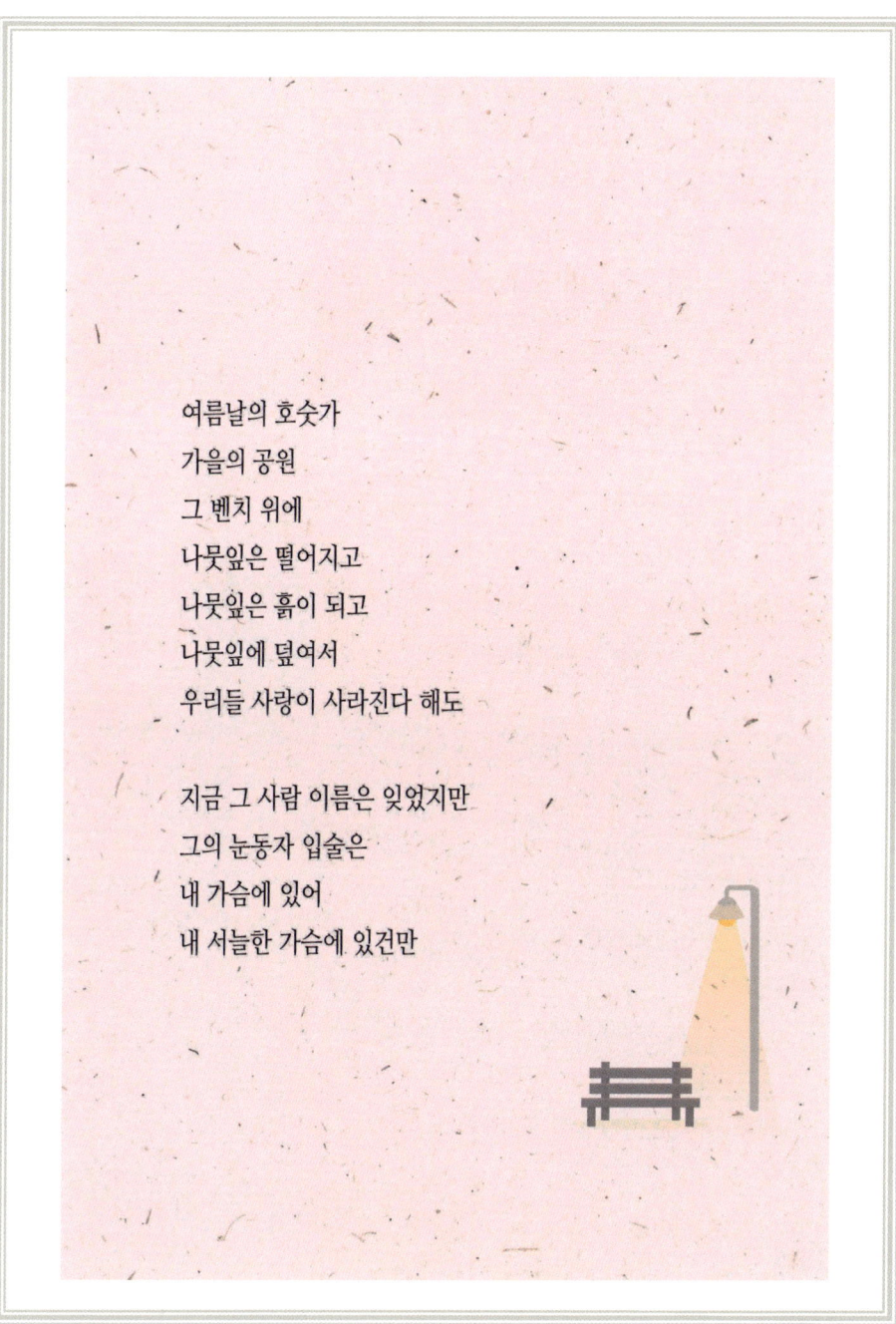

여름날의 호숫가
가을의 공원
그 벤치 위에
나뭇잎은 떨어지고
나뭇잎은 흙이 되고
나뭇잎에 덮여서
우리들 사랑이 사라진다 해도

지금 그 사람 이름은 잊었지만
그의 눈동자 입술은
내 가슴에 있어
내 서늘한 가슴에 있건만

김소월

진달래 꽃

나 보기가 역겨워
가실 때에는
말없이 고이 보내드리우리다

영변(寧邊)에 약산(藥山)
진달래꽃
아름 따다 가실 길에 뿌리우리다

가시는 걸음 걸음
놓인 그 꽃을
사뿐히 즈려밟고 가시옵소서

나 보기가 역겨워
가실 때에는
죽어도 아니 눈물 흘리우리다

Ⅲ 연기(acting)를 활용한 스피치 훈련

2016년과 2019년 시니어 관심사를 조사한 결과에서 새롭게 순위에 등장한 분야가 있다. 바로 '연기(acting)'이다. 2016년 조사에도 13위에 '드라마'가 있었지만, 이는 드라마 시청과 같은 수동적 참여였다면 2019년 조사에서 시니어들은 직접 연기를 해보고 싶은 로망이 생겼다고 볼 수 있다.

취미·여가 활동에 있어 시니어의 관심사는 2016년 1순위가 독서, 2순위가 노래, 3순위가 미술 13위가 드라마로 대부분 수동적인 참여자로서의 활동에 쏠려 있었다. 하지만 2019년 시니어의 관심사는 3순위에 '연기acting'가 새롭게 등장했다. 직접 사진을 찍는 '사진'의 순위도 15위에서 5위로 순위가 껑충 뛰어올랐다.

이렇게 달라진 시니어들의 속내는 역시 빅데이터 분석으로 알아볼 수 있다. 빅데이터에서 시니어가 취미활동을 하는 이유는 과거와 다르게 나타났다. 2019년의 시니어의 취미활동과 연계해 과거보다 많이 언급된 단어는 '멋진'과 '매력', 그리고 '로망'이다. '멋진'과 '로망'은 순위권에 없다가 새로 등장한 단어고, '매력'은 8위에서 6위로 두 계단 올라섰다. 최근 시니어들은 취미활동을 통해 '로망을 실현하는 멋진 삶을 살고 싶다'는 생각을 더 많이 하는 것이다. [39]

그러나 시니어가 연기를 직접 할 수 있는 기회는 많지 않다. 성남시의 6개 노인복지관이 운영하는 프로그램 강좌 영역별 분석에서 연극은 0.19%에 불과했다. 가장 많이 개설된 영역은 건강·스포츠로 28.52%, 다음이 음악으로 19.65%였다.[40]

연극관련 프로그램 영역별 운영 내용에 의하면 연극 프로그램을 운영하는 복지관은 중원구 지역에 있는 J노인복지관 한곳에서만 운영하고 있어서 연극 관련 프로그램이 대부분 복지관에서 프로그램 운영이 실시되지 않고 있음을 파악 할 수 있었다. 연극 프로그램의 경우 대부분 복지관에서 3~4개월 단위의 분기별 프로그램을 운영하고 있는데 복지관에서 단기프로그램으로 운영하기에는 시간이 부족하고 1명의 강사가 연극프로그램의 수업을 진행하기에는 인력 부족으로 각 복지관에서 운영상 어려움이 많아 대부분의 복지관에서 프로그램 운영을 못하고 있었음을 알 수 있었다.[41]

물론 성남시의 6개 복지관만을 대상으로 하였기에 일반화하기는 어렵지만, 음악이나 무용(라인댄스 포함) 같은 다른 예술영역에 비해 연극은 쉽게 접하지 못하는 것은 사실이다. 2019년 조사에서 시니어의 관심 3위에 오른 '연기'를 직접 접해볼 수 있는 기반이 2018년 성남시 기준 조사에서 보듯 턱없이 부족함을 알 수 있다.

가까운 복지관이나 문화센터에서 연극이나 연기를 해보기

어렵다면 스스로 시도해 볼 수 있는 가장 좋은 방법은 무엇일까? 여러 가지가 있을 수 있으나 여기서는 1인이 시도하는 역할극, 2~3인이 함께할 수 있는 즉흥극, 마지막으로 여럿이 참여하는 낭독극으로 연기도 하며 스피치 훈련도 할 수 있는 방법을 제시한다.

1. 역할극 (1인)

단순한 의미로 역할극은 내가 아닌 다른 역할을 맡아 연기를 해보는 것이다. 역지사지(易地思之) 즉 다른 사람의 처지에서 생각해 보자는 것이다.

역할극은 연극치료 분야에서 많이 쓰인다. 연극치료는 내담자의 심리, 정서 문제 치료를 위해 의도적으로 연극을 활용하는 방법으로 특히 역할극이 많이 쓰인다.

부부 간 갈등이 원인인 경우, 남편이 아내 역할을 맡아 아내 관점에서 자신을 돌아보기도 하고, 딸이 아버지 역할을 맡아 아버지의 언어를 써봄으로써 아버지를 이해할 수 있는 계기가 되기도 한다.

가족뿐만 아니라 자신의 심리적 억압이 되는 대상이 되어 보거나, 혹은 반대의 역할을 해보기도 한다. 이를 통해 심리적 정서적 문제를 치료하고 치유할 수 있다.

하지만 여기에서 역할극은 조금 가볍게 접근하려 한다. 연극치료 의미에서 역할극은 심리치료에 목적을 두고 훈련된 전문가의 적절한 중재가 필요하지만, 이 책은 액티브 시니어의 화술 발전을 1차 목표로 하기 때문이다.

　우리는 사회 속에서 다양한 관계를 맺고, 그 관계에 맞는 역할을 행한다. 부모, 자식, 상사, 부하직원, 선생, 학생, 서비스 제공자, 혹은 서비스를 받는 고객 등등 무수한 역할을 행하며 그 역할에 맡게 음성을 변화시킨다.

　가장 친한 사람들(꼭 가족이 아닐 수도 있다)과 있을 때의 음성과 처음 만나는 사람들을 대할 때의 목소리가 다르다. 대개 친한 친구들과 즐거운 이야기를 나눌 때 목소리 음도는 약간 높아지고, 강도는 조금 커지며, 목소리는 조금 빠르다. 반대로 비즈니스로 처음 만나는 사람일 경우 자신의 사회적 위치와 역할에 맡게 목소리가 변화한다.

　이처럼 역할에 따른 음성의 변화를 '만약에 내가 ○○라면?'이라는 가정하에 역할극을 해보는 것이다. '만약에 내가 한국사 교수라면?', '만약에 내가 정형외과 의사라면?', '만약에 내가 문화해설가라면?', '만약에 내가 헬스트레이너라면?', '만약에 내가 배우○○○라면?', 혹은 '만약에 내가 말 잘하는 친구○○라면?' 혹은 '만약에 내가 지금 35살이라면?' 이 모든 '만약에'라는 가정이 가능하다.

　그런 의미에서 추천하고 싶은 1인 역할극 방법은 자신의 취미 분야를 택해 전문가 역할로 방송을 한다고 가정하는 것으로 몇 가지 사항을 미리 상상해 준비해 보자.

1) 나의 이름 : 내 이름을 써도 좋고, 실제 존재하는 다른 사람이라 생각해도 좋다.

2) 나의 나이 : 나이는 20년쯤 젊게 정하자. 더 젊고, 활기찬 목소리를 가졌다. 또한 지금보다 훨씬 표정이 풍부했을 것이다. 언어는 말뿐만 아니라 몸짓도 포함된다. (20~30대 자신의 사진을 보고 시작해도 좋다.)

3) 나의 직업 : 현실의 나의 특기, 취미, 관심사의 전문가.

4) 나의 성격 : 현실의 나의 성격대로 하는 것도 좋고, 나와 다른 성격을 부여해 보는 것도 좋다. 현실의 내가 차분한 성격이라면 밝고 활달한 성격으로, 너무 흥분을 잘하는 다혈질 성격이라면 침착하고 논리적인 성격이라고 가정해 보자.

5) 대화하는 상대 : 내가 말하고 있는 대상을 택해보자. 그 상대가 누구냐에 따라 말을 하는 나의 톤 & 매너 (Tone & Manner)가 달라진다.

예) '만약에 내가 축구해설가 역할이라면?'

① 나는 45세 축구해설가 ○○○이다. 국내 프로 리그 은퇴를 했고, 현재는 ○○○ 방송국 축구해설가이다.

② 오늘은 축구를 잘 모르는 어린이들에게 축구의 진행 방법과 규칙을 알려주고 재미있게 볼 수 있는 팁을 알려주는 10분 분량 방송을 찍는 날이다.

③ 축구장 그림과 10분 안에 설명할 내용을 순서대로 정리한 큐카드를 준비하자.

※ 큐 카드(Cue Card)는 방송에서 흔히 볼 수 있는 것으로 키워드 중심으로 스피치 내용을 정리한 것이다. 전체 대사를 보고 읽는 것이 아니라 꼭 해야 할 말을 잊지 않기 위해 키워드를 쓴 카드를 가볍게 보고 자연스럽게 말을 이어 나가는 데 필요하다.

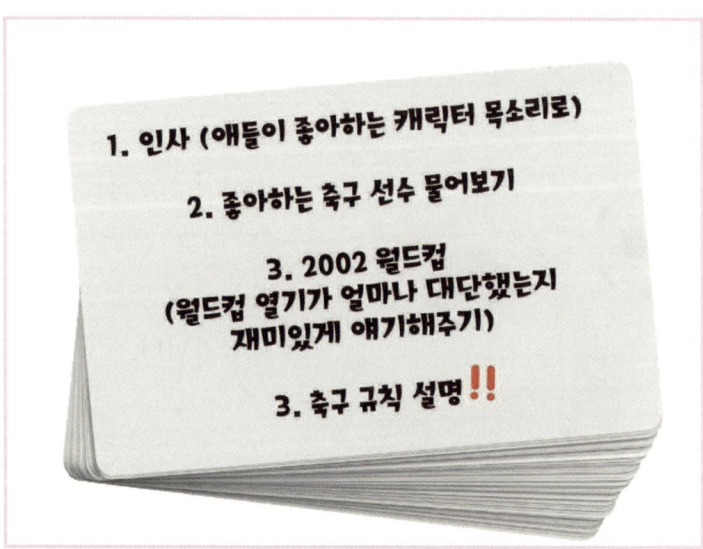

그림25 : 큐 카드 (Cue Card) 예시

④ 10분 타이머를 맞추고 정면에 어린이 방청객이 앉아 있다 상상하고 전문가로 방송을 시작한다. (물론 동영상을 찍어도 좋다)

⑤ 어린이들 눈높이에 맞춰 쉽고 천천히 또박또박 설명한다.

예) '만약에 내가 요리 전문가 역할이라면?'

① 나는 40세 한식 요리 전문가 ○○○이다. 특히 어머니 손맛을 이어받은 매운탕은 달인의 경지에 오른 사람이다.

② 오늘은 제철 요리인 꽃게 매운탕 끓이는 법을 백화점 문화센터 요리 교실에서 요리 초보 8명을 위해 10분 정도 강의해야 한다.

③ 먼저 내 소개를 간단히 하고 오늘 주재료인 꽃게의 효능과 매운탕에 들어가는 재료, 매운탕 요리 순서, 요리 시 주의할 점 등을 설명한다.

2. 즉흥극 (2인)

즉흥극은 정해진 대본 없이 즉흥적으로 연기를 하는 것이다. 즉흥극은 1인이 혼자 할 수도 있고, 2인 이상 여럿이 함께 참여할 수도 있다. 즉흥극은 말 그대로 즉흥적으로 연기를 하는 것이기에 내가 아닌 다른 사람(대개는 사람이지만 식물이나 동물 혹은 초월적 존재인 신이나 악마가 될 수도 있다)이 되는 것이다.

즉흥극의 주제는 무궁무진하다. 그림이나 사진, 음악, 소설의 한 구절, 신문 기사, 내가 경험한 사건 등, 모든 것이 즉흥극의 소재가 될 수 있다.

즉흥극이 2인 이상일 경우 말을 잘 전달하기 위해 발성, 발음에 더욱 신경 써야 한다. 또한 상대방의 말에 집중해야 다음 이야기를 이어 나갈 수 있으므로 잘 듣는 능력을 키워야 한다.

예1) 2인 즉흥극 예시 - 그림

예를 들어 아래 그림26을 보자. 두 사람(남녀로 보이는 그림이지만 남·남, 여·여로 하여도 상관없다.)은 무언가를 들고 가

까이 서 있다.

과연 이들은 어떤 관계이며 무엇을 얘기하고 있을까?

그림26 : 두 사람

처음에는 막연할 것이다. 그러나 아주 단순하게 언제(When)/ 어디서(Where)/ 누가(Who)/ 무엇을(What)/ 어떻게(How)/ 왜(Why)라는 육하원칙에 맞춰 생각해 보자.

두 사람이 같이 의논해서 모든 상황의 합을 맞춰 시작해도 좋고, 전혀 의논하지 않은 상태에서 시작해도 좋다.

① 두 사람이 파트너가 된다.

② 10분 정도 그림에 대해 육하원칙에 맞춰 고민해 보자.

언제	어버이날 늦은 저녁
어디서	집 거실
누가	50대 20년 차 부부
무엇을	딸이 만들어준 상장을 보고
어떻게	서로 애틋하게 대화한다.
왜	딸이 부모님을 존경하고 사랑한다는 표현으로 어버이날 '자랑스러운 부모상'을 상장으로 만들어주었기 때문

표18 : 육하원칙에 맞춘 즉흥 예시 1

③ 두 사람이 나와 3~5분 정도 자신들이 정한 이야기에 맞춰 연기를 한다.

④ 즉흥이 끝나면 관객이 된 남은 사람들은 두 사람이 어떤 관계이고 무슨 상황인지 이야기하고 감상을 짧게 얘기해 준다.

⑤ 즉흥극을 한 팀은 자신들의 의도를 얘기해주고 즉흥을 한 느낌이 어떤지 얘기한다.

예) 2인 즉흥극 예시 - 신문 기사

1,640억원 당첨 사흘 만에 돈 나눠줄 50명 명단 작성한 부부[42]

새해 첫날 유로밀리언 로또에 당첨돼 1억 1500만 파운드(약 1640억원)를 손에 쥔 북아일랜드의 50대 부부가 당첨금을 나눠줄 50명의 명단을 작성했다고 털어놓아 깜짝 놀라게 했다.

화제의 주인공은 북아일랜드 카운티 다운의 모이라에 사는 프랜시스(52)와 패트릭 코놀리(54) 부부로 4일 수도 벨파스트 외곽에서 기자회견을 열어 이처럼 따듯하고 놀라운 뜻을 공표했다. 이들 부부의 당첨금 액수는 영국 내 복권 당첨금으로는 네 번째 많은 금액이다.

프랜시스는 "이처럼 많은 당첨금으로 우리가 알고 사랑하는 이들의 삶에 엄청난 영향을 미치고 싶었다."며 "새해 첫날 당첨된 사실을 확인한 뒤 사흘 동안 한 일 가운데 가장 중요했던 일이 당첨금을 나눠주고 싶은 사람들의 명단을 작성한 일이었다."고 덧붙였다. 이어 "그 순간 대략 50명의 이름이 떠올랐다."며 "그이들은 명단에 자신의 이름이 오른 사실을 모르고 있다. 그래서 그들의 얼굴에 번질 즐거움을 보는 일이 내게 즐거움이 될 것"이라고 말했다.

남편 패트릭은 "난 멋진 아내, 멋진 가족, 멋진 친구들을 두고 있다. 돈이 우리에게 행복을 가져다 주지 않는다. 우리는 이미 행복하다. 그래서 삶으로부터 축복받았다."고 말했다.

코놀리는 앞으로 부부만을 위해 필요한 돈을 얼마로 생각하고 확보해 뒀는지를 묻는 취재진에게 "은퇴한 순간부터 난 허리띠를 졸라맬 필요가 있었다. 하지만 이제는 그러지 않고 뭔가를 할 수도 있게 됐다."고 말했다. 그녀는 자원봉사자들을 위한 온라인 잡지에서 일하다 퇴직했는데 상담 치료에 관한 박사 학위를 따고 싶었는데 이제 그럴 여유가 생겼다고 했다.

당첨 번호는 01, 08, 11, 25, 28, Lucky Stars 04 and 06이었는데 부부는 모리셔스 섬으로 휴가를 떠나면서 무작위로 번호를 적었다고 털어놓았다. 그리고 이번에 돕지 못하는 사람들이 자신에게 도움을 청하는 편지를 보내오면 가슴이 아플 것 같다며 "밤잠을 못 이룰 것"이라고 덧붙였다.

BBC는 이 소식을 전하며 이처럼 거액의 당첨금을 따낸 사람이 이른 시간에 신원을 공개한 것도 이례적인데 50명이나 되는 이들에게 나눠주겠다고 공언한 것은 더욱더 놀라운 일이라고 지적했다.

① 오늘 즉흥극 소재는 위의 신문 기사이다. 팀원 중 한 명이 나와 위 기사를 읽어준다. 두 사람씩 파트너가 된다.

신문 기사는 사실을 바탕으로 육하원칙에 맞춰 쓰여있어 즉흥을 하기 좋은 소재가 된다.

기사에서 언급된 사건을 즉흥극의 소재로 삼아 자유롭게 상상의 나래를 펼쳐 보자.

② 10분 정도 위 기사에 대해 육하원칙에 맞춰 고민해 보자.

위 신문 기사에서는 북아일랜드의 50대 부부이지만 한국의 형제, 자매, 모녀, 부자, 친구 등 자유롭게 설정해도 상관없다.

언제	복권 1등 당첨 확인 3일 뒤.
어디서	엄마가 사는 작은 단칸방
누가	60대 엄마와 40대 딸
무엇을	엄마가 산 복권이 1등 당첨된 것을 두고
어떻게	딸이 큰소리로 엄마에게 화내고 있다.
왜	엄마는 당첨금을 어려울 때 도와줬던 지인들과 나누고, 남은 돈은 기부하고 싶어 하지만, 딸은 당첨금을 나누고 싶지 않다.

표19 : 육하원칙에 맞춘 즉흥 예시 2

　즉흥극을 하게 되는 두 사람은 서로 토론을 통해 왜 엄마 역은 돈을 자신이 갖지 않는지, 딸은 왜 당첨금을 나누고 싶어 하지 않는지 각자 충분한 이유를 만들어야 한다.

　예를 들어 엄마는 종교적 믿음이 강한 사람으로 평소 자원봉사를 실천하는 삶을 살았기 때문에 큰 행운을 주변 사람들과 나누고 싶어 하지만, 딸은 넉넉지 않은 형편에서 벗어나 일단 자신부터 여유 있게 살고 후에 지인들을 도와주자고 엄마를 설

득할 수 있다. ⇨ 이 경우 연기 톤은 덜 과격할 것이다.

혹은 말기 암에 걸린 엄마를 딸은 외면했고 가난한 엄마의 지인들이 끝까지 돌봐줬기 때문에 엄마는 딸에게 당첨금을 주고 싶지 않다. 반면에 딸은 엄마가 평생 자신에게 해준 게 없으니 어차피 죽을 거 당첨금은 자신의 유산이라고 할 수도 있다. ⇨ 이 경우 연기 톤은 매우 격렬할 수 있다.

어떤 식이든 두 사람은 배역의 관계를 만들고 각 역할이 원하는 것을 확실히 연기로 보여줘야 한다. 우리는 이런 것을 배역의 정당성 확보라고 한다.

③ 두 사람이 나와 3~5분 정도 자신들이 정한 이야기에 맞춰 연기를 한다. 연기를 하는 상대를 배려한다고 자신의 목적과 정당성을 잊지 말자. 연기 톤이 과격해지더라도 말싸움(물론 연기지만) 또한 좋은 화술 훈련이 될 수 있다.

④ 모든 팀의 즉흥이 끝나면 '만약에 내가 로또 1등에 당첨된다면? 혹은 '난 저렇게 주변 사람들에게 당첨금을 나눠 줄 수 있을까?' 혹은 '난 당첨금이 있다면 나눠 주고 싶은 지인이 몇 명이고 그들은 누구이다.'식으로 이야기를 나눠보자.

3. 낭독극

역할극이나 즉흥극도 좋지만, 관객을 앞에 두고 공연하는 쾌감은 다른 무엇과 비교할 수 없는 성취감을 준다. 하지만 일반적인 연극을 한다면 긴 대사를 완벽히 외우고, 다른 배우들과 오랜 시간 움직임도 맞춰야 하며, 적당한 공연장이 있어야 하고, 무대와 의상 소품 등도 구비 해야 한다.

모든 조건이 맞아 연극을 할 수 있다면 더할 나위 없이 좋은 일이나, 상황이 여의찮다면 대안으로 낭독극을 해볼 수 있다.

낭독극은 대본을 읽으며 감정을 표현하고 목소리로 대사를 전달하는 연극 형태이다. 연극공연과 같이 극장(theater)이나 무대(set), 의상, 소품 등의 기술적 요소를 고려하지 않아도 되며, 대사를 외우고 무대 동선(blocking)을 익혀야 하는 어려움이 없다.

또한 낭독극은 긴 대사를 외워야 한다는 부담에서 벗어날 수 있다. 노화로 인해 단기기억이 젊은 시절 같지 않은 시니어는 짧은 분량의 대사를 외우는 것에도 스트레스를 느끼고, 이 불안과 압박감은 언어 관련 모든 영역에 긴장을 초래한다. 낭독극은 이런 불안과 긴장을 완화하고 편하게 목소리 연기를 해볼 수 있다.

반복적 낭독을 통해 읽기 유창성과 이해력을 높여주고 또한 듣기와 표현력의 능력도 발전시킬 수 있다. 또한 시 낭독에서도 언급했듯 낭독은 더 많은 뇌 영역을 활성화한다.

낭독극을 어떻게 할 것인가? 먼저 적당한 대본을 찾아야 한다. 아래 대본을 살펴보자.

연극 〈리어왕 3막 2장〉

황야의 다른 곳
계속 천둥, 폭풍우, 광란의 리어 불호령 쳐대며 등장, 광대만이 따르고 있다.

리어왕 : 바람아 불어라, 내 뺨이 갈기갈기 찢어지도록! 모질게 불어라! 불어라! 폭포수 같은 호우야, 억수 같은 폭우야, 내려 쏟아져서, 높이 솟아 있는 첨탑을 침수시키고 첨탑 꼭대기에 달린 바람개비를 익사시켜 버려라! 뇌신(雷神)의 뜻을 사념같이 빨리 미행하는 유황불이여, 참나무를 쪼개는 천둥의 선도자인 번개여, 내 백발을 지져라! 천지를 진동하는 뇌성이여, 둥근 지구를 때려

부숴서 납작하게 만들어라! 인간 창조의 모태를 부수고, 배은망덕한 인간을 만드는 씨를 당장에 쓸어 없애 버려라!

바보 : 오, 아저씨, 비 안 맞는 집안에서 아첨하는 것이 밖에서 비 맞는 것보다는 나아요. 아저씨, 돌아가서 따님들더러 축복해달라고 빌어요. 이런 밤은 똑똑한 놈에게나 바보에게나 동정해 주지 않으니까요.

리어왕 : 배가 터질 정도로 실컷 드르렁거려라! 불아, 타라! 비야 쏟아져라! 비도 바람도 천둥도 번개도 내 딸은 아니다. 너희들을 불효라고 책하지는 않겠다. 너희들에게는 영토를 주지도 않았다. 너희들을 내 딸이라고 부르지도 않았다. 너희들은 내게 복종할 의무가 없어. 그러니 마음대로 무서운 짓을 하여라. 나는 너희들의 노예다. 이와같이 가엾고 무력하고, 쇠약하고, 천대받는 노인이다. 그러나 나는 너희들을 비굴한 첩자라고 부르겠다. 저 악독한 두 딸의 편을 들어서, 이런 늙은이의 백발 두상에다 하늘의 군대를 끌고 오다니! 아, 너무한다.[43)]

영화 〈그대를 사랑합니다〉

1. 언덕길 (밤)

언덕길 아래에 멈추는 오토바이.

    만석   (오토바이를 토닥거리며) 힘내. 여기만 넘으면 오늘 일도 끝이야!

숨이 넘어갈 듯 언덕길을 달려가는 만석의 오토바이. 리어카를 끌고 언덕을 내려오던 송씨와 마주친다. 둘이 스치고… 오토바이에서 돌멩이가 튕기면서 송씨의 머리를 스친다. 기우뚱하며 리어카와 함께 길바닥에 쿵 처박히는 송씨.
만석, 재수없이 걸렸다는 표정으로 눈살을 찌푸린다. 송씨는 힘겹게 몸을 일으킨다. 오토바이에서 내려 송씨에게 다가가는 만석.

    만석   나 때문에 자빠진 거 아니지?
    송씨   (본다)…!!
    만석   나 아니지?

송씨, 고개를 끄덕이고 흩어진 폐지와 병 조각을 줍기 시작한다. 만석, 다행이라는 듯 숨을 길게 뱉는다.

만석	다친 덴 없어?
송씨	네… 괜찮아요.
만석	(짜증스럽게) 다친 데 없냐고 사람이 묻잖아?
송씨	(보면)…
만석	사람 말이 말 같잖어?
송씨	(어이 없다) 없다고 했잖아요.
만석	우물거리지 말고 들리게 말해.
송씨	(혼잣말) 노인네가 귀가 먹었나!
만석	니미! 말을 오라지게 안 들어 처먹네. 크게 말하라니까~

송씨, 허리를 잡으며 끄~응 일어난다.

| 송씨 | (크게) 괜.찮.으.니.까.가.던.길.가.세.요~ |

괜히 찝찝한 만석.

만석	진짜 괜찮은 거지?
송씨	…
만석	나중에 딴 말 했다간 아주 큰 일 치를 줄 알어. 알았어?
송씨	네!
만석	왜 자꾸 사람 말을 두 번 시켜! 아 알았냐고?

송씨 　　(크게) 네~에~!

오토바이 시동을 밟는 만석, 하지만 시동이 영 시원찮다.

만석 　　(투덜투덜) 뭔 놈의 오토바이가 서면 갈 생각을 안 해.

첫 번째 작품은 셰익스피어의 4대 비극 중 하나인 〈리어왕〉의 가장 유명한 장면이다. 모든 재산을 나눠주고 딸들에게 의지해 남은 생을 편안히 보내려던 리어왕은 딸들의 배신으로 쫓겨난다. 황야의 폭풍우 속에서 광기에 사로잡힌 리어왕이 쏟아내는 분노와 절규의 대사는 리어왕의 백미(白眉)이다.

두 번째 작품은 강풀 원작 웹툰을 영화화한 추창민 감독, 이순재·윤소정 주연의 〈그대를 사랑합니다〉 오프닝 장면(opening scene)의 일부로 노년의 사랑을 담백하고 아름답게 그린 작품이다.

연기는 국어사전 그대로 배우가 배역의 인물, 성격, 행동 따위를 표현하는 일이다. 표현할 능력이 된다면 배우의 역할에 제약은 없다. 어린아이부터 동물, 사물, 공상의 무엇이든 말 그대로 모든 것이 가능하다.

하지만 직업적으로 오랜 시간 훈련해온 배우가 아니라면 자신이 공감할 수 있는 역할을 택하는 것이 좋다. 성별, 나이, 주어진 상황 등 극적 배경에 감정이입이 가능한 작품을 찾자.

그러므로 위의 작품 중 둘 다 70~80대의 노역이지만 〈리어왕〉보다 〈그대를 사랑합니다〉가 연기하기에는 더 편하다. 주제의 문제가 아니라 대사가 문어체 같고 긴 독백이 많은 〈리어왕〉보다 한국 정서에 일상어인 〈그대를 사랑합니다〉가 훨씬 낭독극을 하기 쉽다.

낭독극은 낭독이 주가 되기 때문에 연극이나 영화 드라마 대사 모두 가능하다. 처음에는 한국 영화나 드라마에서 비슷한 또래가 주인공인 작품을 골라 시작해보고 차후 긴 호흡의 한국 연극, 더 나아가 리어왕 같은 유명 희곡을 낭독극으로 해볼 것을 추천한다.

또한 낭독극은 공연을 전제해서 선택하고 준비하라고 권하고 싶다. 이전 즉흥극이나 역할극은 혼자서도 가능했지만, 낭독극은 관객 앞에서 공연했을 때 음성 훈련의 효과도 배가 된다.

한두 달 정도의 연습 기간을 두고 공연 준비를 하게 되면, 반복적 낭독으로 대사도 익숙해지고, 유창성도 높아지며, 다른 배우들과 대사와 감정을 주고받는 교감과 한 팀이라는 소속감도 커진다.

완벽하지는 않더라도 배역에 맞게 분장과 의상을 갖춰 입고, 관객과 무대를 구분 짓는 조명만으로도 공연하는 기분을 갖게 한다. 이로 인해 기분 좋은 긴장감이 상승하고 집중도도 높아진다.

공연을 마친 후엔 나도 할 수 있고 해냈다는 성취감이 자존감과 삶의 활력을 높여준다.

1) 공연을 전제로 한 낭독극의 진행 순서

① 작품 선정

참여 인원 구성과(남녀 비율, 연령대, 연기 경험 여부 등) 낭독극 공연 장소(집 거실, 문화센터 소강의실, 소극장 등등)에 맞는 작품 택하기.

② 배역 선정과 연출 및 스태프(staff) 선정

가능하다면 연출이 전체 작품을 보면서 지도해 주는 것이 좋다. 또한 낭독극이라 할지라도 간단한 무대와 조명, 의상과 분장을 할 수 있는 스태프가 있다면 낭독극의 질을 높여줄 것이다.

※ 참여 인원에 맞춰 주요 배역만 선정하고, 나머지 역할은 한 명이 여러 역할을 맡아 연기하는 멀티맨(multi-man)을 설정할 수 있다. 또한 해설 역할을 맡은 사람은 극 중 해설, 지문 등을 낭독한다.

③ 드라이 리딩 (Dry Reading : 감정 표현을 자제하고 내용 파악을 위해 읽기)

작품을 객관적 시각으로 3~4회 읽어보며 팀원들과 작품 분석, 역할 분석을 할 수 있다. 작품의 주제, 관객에게 전달하고 싶은 메시지, 작품의 구성 (기-승-전-결, 혹은 발단-전개-위기-절정-결말), 각 캐릭터의 분석(나이, 성별, 가족관계, 친구관계, 성격, 사회적 위치 등등), 장면의 목적, 대사 수정 등 본격적인 연습에 앞서 작품의 틀을 정하는 과정이다.

※ 낭독극은 대본을 보면서 연기하기 때문에 대본을 얹어 놓고 볼 수 있는 보면대가 필요할 수도 있다.

보면대를 앞에 놓고 의자에 앉아 연기하다 가끔 극적

효과를 위해 일어나거나 움직일 수도 있다. 보면대가 없다면 책상 위에 큰 독서대를 놓고 낭독할 수도 있다.

보면대나 독서대를 놓지 않고 책상에 대본을 펼쳐 놓고 앉아 읽으면 머리가 아래로 꺾여 발성에 나쁜 영향을 미친다. 앉아서 연기하는 낭독극이라면 자세를 똑바로 할 수 있도록 보면대나 독서대를 이용하자.

그러나 낭독극이 꼭 앉아서 연기하는 것만은 아니다. 일반 연극과 같이 움직임이 있으면서 대본을 들고 연기할 수도 있다. 혹은 대사 없는 배우들은 앉아 대본의 흐름을 따라가고, 대사 있는 배우들이 일어나 움직이며 연기할 수도 있다.

공연 중 대본을 볼 수 있다는 점을 제외하면 일반 연극과 다를 바 없다. 팀에 맞게 자유로운 낭독극 스타일을 정하고 즐겁게 연습해 보자.

④ 드라마틱 리딩 (Dramatic Reading : 감정을 넣어 캐릭터를 표현하는 극적 읽기)

캐릭터를 생동감 있게 살리고 다른 배역들과의 앙상블을 맞춰 읽는 연습 기간이다.

⑤ 리허설 (Rehearsal)

공연 전 조명, 의상, 분장 등을 갖추고 조명이나, 음향 등의 기술적 문제가 없는지 점검하는 것이 중요하다.

⑥ 공연 (Performance)

관객 앞에서 낭독극 공연

⑦ 평가

공연 후 각자 느낀 소감 발표 : 연습 과정에서 느낀 점, 관객 앞에서 공연하면서 달라진 점, 무대와 조명 의상 소품 등으로 달라진 점, 동료 배우와 교감을 느낀 장면, 스스로 만족하거나 불만족한 장면, 앞으로 다시 한다면 어떻게 하고 싶은지, 어떤 작품을 하고 싶은지 등등 연습과 공연을 통해 느끼고 얻은 모든 것을 얘기해 보자.

2) 시니어 낭독극 추천 작품

① 연극 〈3월의 눈〉

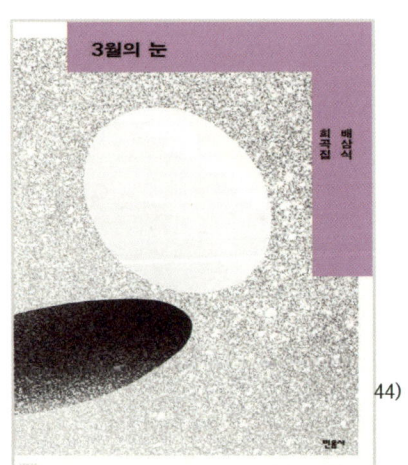
44)

☞ 줄거리

저물어가는 집 한 채가 있다. '장오'와 '이순', 노부부는 손자를 위해 마지막 남은 재산인 이 집을 팔고 떠날 준비를 하고 있다. 새로운 집 주인은 이 집을 팔고 그 자리에 삼층짜리 건물을 올릴 계획이다. '장오'와 '이순'은 겨우내 묵었던 문 창호지를 새로 바를 준비를 하며 일상을 지속한다. 문짝과 마루, 기둥으로 다시 쓰일만한 목재들을 다 떼 가고 앙상한 **뼈**대만 남은 집을 뒤로하고 삼월의 눈 내리는 어느 날, '장오'는 집을 떠난다.

☞ 추천 이유

연극 〈3월의 눈〉은 국립극단의 대표 레퍼토리로 재개발 열풍이 부는 마을에서 평생을 보낸 한옥 한 채가 사라질 위기에 처한 노부부의 아름답고 담담한 사랑 이야기이다.

2011년 국립극단 백성희장민호극장 개관기념으로 공연된 〈3월의 눈〉은 초연부터 매 공연 장민호, 백성희, 이순재, 손숙, 변희봉, 오영수, 신구, 오현경, 박근형, 정영숙 등 최정상의 원로 배우들이 출연해 매진 행렬을 이끌었다.

20~30대 젊은 관객이 주를 이뤘던 연극계에 중년 관객이 몰려들고 특히 부모님과 함께 관람하는 젊은 관객도 많았다.

사라지는 옛것의 가치, 손주를 위해 살던 집마저 내주는 장오의 희생과 사랑 등 잔잔한 웃음과 눈물 속에 삶의 여러 의미를 보여준다.

연극이지만 배경이 현대 한국인 만큼 대사가 자연스럽고 편안하다. 연기하는 시니어뿐만 아니라 낭독극을 관람하는 많은 사람이 공감할 좋은 작품이다.

② 영화 〈그대를 사랑합니다〉

☞ 줄거리

서울 어느 산동네에서 우유 배달을 하는 할아버지 김만석은 우연히 만난 할머니 송 씨에게 호감을 느낀다. 한편 주차장을 관리하는 일을 하는 장군봉은 치매에 걸린 아내 조순이를 돌보며 살아간다.

어느 날 장군봉이 문을 잠그는 것을 깜빡하고 출근한 틈을 타 그의 처 조순이가 집을 나간다. 길을 잃은 조순이를 본 김만석은 그녀의 집을 찾아 주고 이 일로 인해 김만석과 장군봉은 친해진다.

김만석과 송 씨는 즐거운 나날을 보내고, 장군봉은 처의 상태가 심각해지자 처와 함께 자살한다. 이를 본 송 씨는 김만석과 죽음으로 이별하는 것이 두려워 고향으로 떠나 버린다.

　　송 씨를 그리워하던 김만석은 죽음을 맞이하고 송 씨의 고향에는 봄이 찾아온다. 김만석은 오토바이를 타고 나타난 송 씨를 태우고 아름답고 긴 여행을 떠난다.

☞ **추천 이유**
　　강풀 원작 웹툰 〈그대를 사랑합니다〉는 2007년 다음(daum) 연재 당시 별점 9.6을 기록하며 큰 인기를 얻은 작품으로 이듬해 연극으로 만들어졌다. 연극 〈그대를 사랑합니다〉는 2008년 4월부터 4개월간 객석 점유율 98% 이상을 기록하며 연일 매진 행진을 이어 갔으며 지금도 대학로에서 자주 앙코르 공연이 이루어지고 있다.

　　영화〈그대를 사랑합니다〉는 2011년 추창민 감독, 이순재, 윤소정, 송재호, 김수미 주연으로 상영되었다. 개봉 당시 7주 연속 관객 평점 1위로 대중성을 인정받았으며 2012년 이순재, 정영숙 주연의 SBS 드라마로도 제작되었다.

　　웹툰, 영화, 드라마, 연극으로 제작될 만큼 높은 대중성을 가진 〈그대를 사랑합니다〉는 70대 노년의 사랑을 다루고 있다.

　김만석 노인과 송 씨는 우연히 길에서 만나 서로 사랑을 느끼게 되고, 장군봉은 치매에 걸린 아내 조순이를 사랑으로 끝까지 돌보다 함께 떠난다. 사랑이 젊은이의 전유물이 아님을 일깨우는 작품으로 70대에도 느껴지는 풋풋한 감정의 설렘과 잔잔한 웃음, 평생을 함께한 부부의 애틋한 사랑이 주는 슬픔과 감동이 함께 있다. 주요 배역이 4명으로 나머지 역할은 멀티맨(multi-man)이 맡는 것이 가능하다.

　③ 드라마 〈디어 마이 프렌즈〉

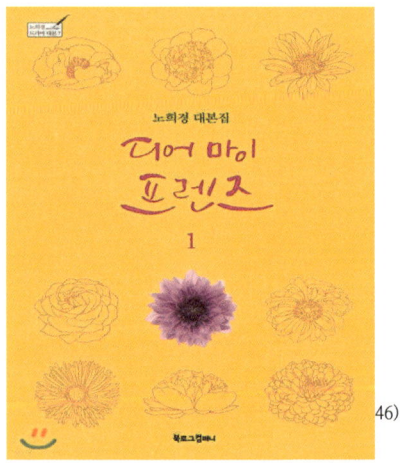
46)

☞ 줄거리

한평생 공주처럼 살아온 희자. 갑자기 남편이 죽자 아들 며느리들 왈, "아무것도 못 하는 어머니가 아버지보다 빨리 돌아가셨어야 하는데." 아니, 이게 무슨 소리? 나도 혼자 살 수 있거든! 하지만 그날부터 희자의 눈에 이상한 것들이 보이기 시작한다. 그저 노파심에 병원을 찾은 그녀는 자신이 망상장애를 앓고 있다는 진단을 받고 결국 죽기 딱 좋은 날, 자살을 결심하는데….

"불알도 안 달린 여자가 무슨!"이란 말을 서슴없이 내뱉는 남편을 큰소리 한번 없이 살뜰히 챙기며 칠십 평생을 살아온 정아. 왜 그녀라고 화가 나지 않겠는가. 그저 딱 하나, 결혼할 때 남편이 자신에게 한 약속, 은퇴 후 세계여행을 떠나겠다는 그 약속 하나 때문에 이날 이때껏 참고 산 것이다. 그런데 이 썩을 놈의 남자, 그 약속 다 거짓이었단다. 그래? 그럼 뭐, 안녕, 잘 있어. 나 혼자 떠나지 뭐!

중국집을 운영하며 초등학교 선후배의 일을 제 일처럼 챙기는 난희. 장사도 잘되고 자식도 다 키웠고 친구들과 콜라텍도 다니니 걱정이 없을 것 같은데, 사실 그녀 속은 썩어들어간다. 진짜 사랑하는 여자는 딴 년이라고 말한 남편, 구박 좀 오래 하고 살려 했는데 일찍 죽고, 하나밖에 없는 딸년은 엄마라면 얼굴부터 찡그리니 이년 팔자 왜 이런가 싶다.

그리고 난희의 딸이자 작가인 완이. 그녀는 요즘 엄마의 꼰대 친구들 때문에 머리가 아프다. 잔소리 대마왕 석균 아저씨와 말끝마다 자기 자랑인 성재 아저씨, 그리고 중졸 콤플렉스 때문에 젊은 지식인들하고만 어울리는 늙은 노처녀 충남 이모와 엄마가 치를 떠는 영원 이모까지. 이미 질릴 대로 질린 완이에게 난희는 꼰대 친구들의 이야기를 소설로 써보라고 제의하는데….

희 자 (누운 채 정아를 올려다보며) 정아야, 우리 멜마와 루이스처럼 여행 가자. 이 집 팔아서.
정 아 (영화만 보며) 니 애들이 이 집 팔아, 너랑 여행 간다면 아이고 어머니 잘하셨네 하겠다.
희 자 (담담히) 돈 다 쓰면.. 죽을 때 될 선데, 애들이 뭐라든 알게 뭐야. (앉아서, 정아 보며) 근데, 넌 정말 니 남편이 신혼여행 때 약속한 둘만의 세계일주 할 거 같애? 만약, 니 남편이 안 가면?
정 아 (영화만 보며, 따뜻하게 웃으며, 덤덤히) 나라도 가야지.
희 자 (보며) ?
정 아 (영화만 보며, 담담하지만, 깔끔하게) 갈 거야, 나는. 혼자라도. 내가 울 엄마 평생 지지리 궁상으로 살다가, 결국엔 오 년 전 뇌출혈로 쓰러져, 요양원에 처넣던 날, 하늘에 두고 맹세했네. 난 엄마처럼 절대 요양원에서 갇혀 죽을 날 기다리진 않아야지.. 난 죽을 때 죽더

　　　　라도 길 위에서 죽어야지...
희 자　멋있다... 길 위에서? 나랑 같이 죽자.
정 아　(보며, 좀 큰 소리) 죽을 때라도 따로 죽어. 평생을 뭐한
　　　　다고 붙어 다녀? - 「2부」 중에서

정 아　너 왜 그랬냐? 대체, 왜 죽을라 그랬어?
희 자　(창밖만 보며, 담담히, 작게 편한 웃음 띠고) 깨진 전구
　　　　도 혼자선 못 가니까... 의사가, 망상도 있다 그러고,
　　　　이러다, 치매 걸리면... 우리 착한 민호도.. 결국엔 화내
　　　　고 지치겠다 싶어서.. 그냥..
정 아　(속상한) 자식이 돼서 그만한 일은 해야지! 그래서 지금
　　　　니가 치매 걸렸냐?! 걸릴 수도 있으니, 조심하란 소릴,
　　　　괜히 겁먹고! 나랑 같이 죽자며, 너 죽음 나는.. (눈가
　　　　붉어져) 나는!
희 자　(정아 보며, 눈가 붉어, 짠해 웃으며) .. 그러게.. 니가 있
　　　　는데, 그지?!..
난 희　(속상해, 창문 열고, 바람 맞고)
정 아　그지는, 개그지 같은 게.. 의리 없는 년.
희 자　(쓸쓸히 웃고, 창가 보며, 짐짓 편하게) ... 너무 좋다...
　　　　지금.. 이 순간이...
정 아　(속상한)
완　　　(백미러로 희자를 보게 되는, 착잡한, 가만 보는, N, 담
　　　　담히) 나에게 희자 이모를 몇 마디로 정의하라면 아주

쉽다. 철없다, 막무가내다, 사차원이다. 그런데, 그런 이모가 자살 시도라니... 추하지 않으려 꽃단장을 하고, 혼자 밤길을 걸어 한강 다리 위에 섰을 쓸쓸한 이모가 내 머릿속을 떠나지 않았다. 죽고 싶은 마음이 드는 것도, 문득 한순간이고, 살고 싶은 이유도, 기껏 한강 다리의 불빛이나 바람 때문이라니.... 어린 나는 이해할 수 없었다. -「3부」중에서47)

☞ 추천 이유

드라마 〈디어 마이 프렌즈〉는 2016년 tvN 방송에서 방송된 16부작 드라마로 〈괜찮아, 사랑이야〉, 〈그 겨울, 바람이 분다〉, 〈그들이 사는 세상〉 등을 집필했던 노희경 작가가 극본을 쓴 작품이다. 2017년 제53회 백상예술대상에서 TV부문 드라마 작품상과 노희경 작가가 극본상을 받았다.

김혜자, 고두심, 나문희, 윤여정, 박원숙, 신구, 주현, 김영옥 등 국내 최고 연기파 중견 배우들과 고현정, 조인성 등이 출연했다. 시니어벤져스(시니어 + 어벤져스)로 불릴 만큼 연기의 신들이 최고의 연기 합을 보여준 작품으로 많은 이들의 인생 드라마로 꼽힌다.

보통 드라마에서 중년이나 노년 배역은 젊은 주인공 남녀의 주변인에 머물렀으나 이 드라마는 16부 내내 당당히 작품을 이끌어간다. 누군가의 엄마, 아빠, 할머니, 할아버지로 머무는 것이 아닌 희자(김혜자 분), 정아(나문희 분), 난희(고두심 분), 충남(윤여정 분) 등 자신의 이름으로 인생을 살아간다. 젊은이 못지않은 사랑과 오랜 친구들의 뜨거운 우정, 삶과 죽음에 대한 자연스러운 철학 등 너무나 일상적이며 특별한 이야기가 담겨있다.

이 작품은 등장인물이 많고 배역의 경중이 없다고 해도 과언이 아니다. 모든 배역이 입체적이고 생동감 넘친다. 드라마 대사이기 때문에 대사는 편안하고 일상적이다. 한 장면을 택해 자신이 낭독하는 혹은 연기하는 느낌과 최고의 연기자들이 연기하는 장면을 비교해 보는 것도 재미있을 것이다.

※ 이외에도 시니어가 주인공인 연극, 영화, 드라마가 대중성과 작품성을 인정받은 작품은 많이 있다. 강부자 주연 연극 〈친정엄마와 2박3일〉은 2009년 초연 이후 13년째 매진 행렬을 이어가고 있고, 박근형, 윤여정 주연의 영화 〈장수상회〉, 나문희 주연의 〈수상한 그녀〉, 〈오 문희〉, 〈아이 캔 스피크〉, 윤여정 주연의 〈미나리〉, 〈계춘할망〉, 김혜자 주연의 〈마더〉 등은 시니어 배우가 단독주연은 아니라도 젊은 배우들과 훌륭한 앙상블을 이뤄 흥행에 성공한 작품들이다.

드라마는 김혜자 주연 〈눈이 부시게〉가 시청자와 평론가 모두에게 호평받았으며, 특히 마지막 화의 "지금 삶이 힘든 당신, 이 세상에 태어난 이상 당신은 이 모든 걸 누릴 자격이 있습니다. 대단하지 않은 하루가 지나고 또 별거 아닌 하루가 온다 해도 인생은 살 가치가 있습니다. 후회만 가득한 과거와 불안하기만 한 미래 때문에 지금을 망치지 마세요. 오늘을 살아가세요, 눈이 부시게! 당신은 그럴 자격이 있습니다."라는 김혜자의 내레이션(narration)은 많은 이의 인생 대사로 꼽힌다.

이처럼 잘 알려진 시니어 주연 작품이 있음에도 연극 〈3월의 눈〉, 영화 〈그대를 사랑합니다〉, 드라마 〈디어 마이 프렌즈〉 이 세 작품만 추천한 것은 대본이 단행본으로 출간되었거나 인터넷상에서 구할 수 있는 작품이기 때문이다.

잘 쓴 대본은 캐릭터가 단순하지 않고 입체적이며 대사도 자연스럽고 편안하다. 인물 간 갈등도 억지스럽지 않고, 각 캐릭터의 목적에 정당한 이유가 있으며 갈등의 해결 또한 작위적이지 않다. 하지만 이렇게 잘 써진 작품을 공연 팀 구성에 딱 맞게 찾기란 쉽지 않을 것이다.

그러므로 팀원들이 함께 직접 대본을 써보는 것도 좋은 방법이다. 팀원들의 경험에서 아이디어를 얻고 자신의 말투로 함께 대사를 써서 극을 만든다면 화술에 있어 더욱 자연스럽고 감정이입이 잘 되게 연기할 수 있을 것이다.

앞으로 시니어 인구가 늘어나면서 시니어가 전면에 나서는 연극, 영화, 드라마는 점점 늘어날 것이다. 또한 시니어 관심사에서 '연기(acting)'가 상위권에 오른 만큼 연기를 쉽게 접할 수 있는 문화센터의 연기 강좌도 늘어나고, 시니어 전문 연기학원도 생겨날 것이라 기대한다.

시니어가 주인공인 작품들이 단행본으로 출간되거나 시니어 공연팀이 쉽게 대본을 접할 수 있도록 시니어 전용 대본 사이트도 생겨 창작 대본도 올리고, 기존 대본도 쉽게 구할 수 있어, 시니어 낭독극이나 연극, 영화를 만들 수 있는 기회가 많아지기를 기원한다.

물론 공연을 전제로 하지 않는 낭독도 얼마든지 가능하다. 대사 위주의 낭독은 연극 대본인 희곡이 가장 좋지만, 화술의 편안함은 드라마나 영화 대본이 더 낫다. 최근에는 드라마 극본이나 영화 시나리오도 많이 출간되어 있고, 희곡도 얼마든지 있다. 공연을 전제로 하지 않고 자유롭게 낭독할 때는 나이나 성별에 구애받지 말고 혼자서, 2인이, 여럿이 즐겁게 낭독의 즐거움을 누리자.

시니어 보이스 트레이닝의 기대효과

외모나 신체적 이상이 없음에도, 목소리에 힘이 없거나 숨차고 거친 소리가 나오면 우리는 대개 "무슨 일 있어?" 혹은 "어디 아파?"라고 묻게 될 것이다. 눈으로 인지되지는 않지만, 귀로 인지되는 건강과 활력의 척도, 바로 목소리이다.

2024~5년이면 우리나라도 초고령사회로 진입한다. 5명 중 1명이 65세 이상인 것이다. 100세 시대!!! 50대에 은퇴한 시니어는 은퇴 이후에도 취미나 여가생활, 자원봉사, 문화생활, 제2의 직장, 제2의 직업 등 끊임없는 대외활동을 이어가야 한다.

많은 시니어가 외형적 젊음을 유지하기 위해 적지 않은 시간과 노력, 비용을 투자한다. 유산소와 근력운동은 걷기, 등산, 각종 운동, 헬스장을 통해, 젊은 외모는 의학적 도움을 받거나 피부관리를 통해 나름대로 젊은이 못지않은 동안(童顔)을 유지한다.

그러나 목소리는 왜 늙도록 내버려 두는가? 40대 청년 얼굴에 70대 노인 목소리, 상대는 당신을 청년이라 생각할까? 노인이라 생각할까?

목소리는 노화에 의해 힘없고 거칠고 탄력 없는 소리로 변한다. 그러나 노화로 인한 노인 음성은 훈련을 통해 예방하거나 지연시킬 수 있다.

활발한 외부 활동을 하는 액티브 시니어(Active Senior)의 목소리가 그렇지 않은 시니어에 비해 훨씬 젊게 들린다는 임상보고도 있고, 실제 전문적으로 음성을 사용하고 관리하는 배우, 가수, 성우 등 직업적 음성사용자는 나이 들어도 젊은 목소리를 유지하는 경우가 많다.

평소 쓰지 않던 얼굴 근육과 발성, 발음 기관을 움직이면 호흡도 깊어지고, 목소리도 좋아진다. 말하는 것에 자신감이 생긴다. 매일 자신을 개발하고 훈련하는 적극적 자기관리는 '내 삶의 주인은 나'라는 주도적 태도를 보이게 된다.

나아가 여럿이 함께 즉흥극, 역할극, 낭독극 등을 할 수 있다면, 타인에 대한 이해와 수용성이 커지고, 독립성과 정서적

안정이 생긴다. 이는 활발한 대외활동으로 이어져 경제, 문화, 여가생활 등 다방면의 대외활동을 즐길 수 있게 될 것이다. 이는 궁극적으로 시니어 삶의 질을 향상해 자존감을 높여줄 것이다.

이처럼 중요한 목소리는 우리 삶의 질에 커다란 영향을 끼침에도 시니어의 음성 훈련은 간과됐다. 노화로 인한 노인 음성의 변화를 이해하고, 시니어의 다양한 음성 훈련의 필요성이 점차 커지고 있음에도 이에 대한 전문적인 학원, 강좌, 전문 서적은 거의 없는 실정이다.

이에 『시니어 보이스 트레이닝 (50+ Senior Voice Training)』은 그 필요와 잠재된 요구에 맞춰 노인 음성의 이해, 노화된 음성의 특징과 다양한 발성·발음, 음성치료기법, 연기를 바탕으로 한 역할극, 즉흥극, 낭독극 등 시니어 스피치를 소개하였다.

물론 아쉬운 점은 시각적 모델링(Modelling)을 통해 쉽게 따라 할 수 있는 동작들도 글로서는 표현의 한계가 있다는 점이다. 꼼꼼히 읽고 천천히 따라 하면 충분히 할 수 있도록 세세히 기술하였으나 역시 직접 강사를 보는 것만큼 효율적이지는 않다. 이런 아쉬움은 관련 강좌나 동영상을 통해 차후 보충

할 수 있는 기회가 있기를 기대한다.

같은 나이라도 젊고 건강해 보이는 사람이 있다. 반대로 늙고 병약해 보이는 사람도 있다. 그 차이는 생체 나이가 다르기 때문이다. 주민등록상 나이는 되돌릴 수 없지만, 생체 나이는 거꾸로 가는 것이 가능하다. 작년보다 올해 더 어려질 수 있다.

마지막으로 미국 미네소타주 의학협회가 내린 노인의 정의를 옮겨본다.

1. 늙었다고 느낀다.
2. 배울 만큼 배웠다고 느낀다.
3. '이 나이에'라고 말하곤 한다.
4. 내일을 기약할 수 없다고 느낀다.
5. 젊은이들의 활동에 관심이 없다.
6. 듣기보다 말하는 것이 좋다.
7. 좋았던 시절을 그리워한다.

시작하기에 나는 아직 젊은가? 늙었는가?

미주

1) 정현수, 「매달 3만명씩 늘어난 노인..'젊은 노인' 300만명 넘었다」, 『머니투데이』, 2021.12.24.,
   <https://news.mt.co.kr/mtview.php?no=2021122313573047176>
2) 은진, 「저출산·고령화 대응 생산연령인구 나이 기준 69세로 확대 추진」, 『디지털 타임즈』, 2021.12.21.,
   <http://www.dt.co.kr/contents.html?article_no=2021122202100858063001>
3) [네이버], 『두산백과』, "메라비언의 법칙 [The Law of Mehrabian]"
   <https://terms.naver.com/entry.naver?docId=1233745&cid=40942&categoryId=31611>
4) 김정완·김향희, 「노년층 의사소통능력에 대한 문헌연구」, 『언어청각 장애연구』, 제14권 제4호, 2009, 496~497쪽 인용.
5) 배인호·성의숙·이진춘, 「한국어판 노인음성지수의 신뢰도와 타당도」, 『대한후두음성언어의학회지』, 제30권제1회, 2019, 21~22쪽 인용.
6) 차승현, 「여성 노인 화자의 음성에 대한 임상가 기반 CAPE-V, GRBAS평가의 신뢰도」, 대구대학교 재활과학대학원 석사논문, 2015, 1쪽 인용.
7) 임에리·김향희·김수련·유현지, 「문헌분석을 통한 노화에 따른 음성의 특징과 삶의 질 변화」, 『재활복지 Journal of Rehabilitation Research』 Vol.17. No.1. 2013, 264쪽 인용.
8) 백민관·김동영, 「노인성 음성의 임상양상」, 『대한후두음성언어의학회지』, 제25권 제1호 2014, 18쪽 인용.
9) [네이버], 『트랜드 지식사전 1』, "액티브 시니어",
   <https://terms.naver.com/entry.naver?docId=2070426&cid=55570&categoryId=55570>
10) [네이버], 『두산백과』, "뉴실버 세대",
    <https://terms.naver.com/entry.naver?docId=1225217&cid=40942&categoryId=31630>
11) [네이버], 『매일경제』, "네오실버",
    <https://terms.naver.com/entry.naver?docId=20887&cid=43659&categoryId=43659>
12) [네이버], 『시사상식사전』, "노노족",
    <https://terms.naver.com/entry.naver?docId=2784103&cid=43667&categoryId=43667>
13) 매일경제국민보고팀, 『욜드 이코노미』, 매경출판(주), 2020, 12쪽 인용.
14) 이수원, 『50+ 스마트 시니어에 주목하라』, 끌리는 책, 2021, 7쪽 인용.

15) [네이버], 『두산백과』, "우피족",
<https://terms.naver.com/entry.naver?docId=1225319&cid=40942&categoryId=31630>

16) [네이버], 『시사상식 사전』, "애플세대",
<https://terms.naver.com/entry.naver?docId=931456&cid=43667&categoryId=43667>

17) [네이버], 『시사상식 사전』, "실버서퍼"
<https://terms.naver.com/entry.naver?docId=2724057&cid=43667&categoryId=43667>

18) [네이버], 『매일경제』, "웹버족",
<https://terms.naver.com/entry.naver?docId=15861&cid=43659&categoryId=43659>

19) 김향희, 『신경언어장애』, 시그마프레스, 2013, 118~143쪽 참조. 언어치료분야는 크게 5가지로 나뉘는데 언어발달장애, 조음음운장애, 유창성장애, 신경언어장애, 음성언어장애로 나뉜다. 신경언어장애는 선천적 혹은 후천적 원인으로 신경계가 손상되어 생기는 언어장애 현상으로 이 책의 주 관심사와는 별개이다. 다만 말이 나오는 과정을 설명하기 위해 뇌의 영역을 언급한바, 그에 따른 간단한 설명을 따로 정리했다. 베르니케 실어증과 브로카 실어증 환자의 더 구체적이고 자세한 증상은 베르니케 실어증 135~136쪽 표4-8, 브로카 실어증 142쪽 표4-12를 참고할 수 있다. 신경언어장애와 관련된 전문지식은 김향희의 『신경언어장애』를 비롯한 관련 서적을 참고하길 바란다.

20) Daniel R. Boone, Stephen C. McFarlane, Shelley L. Von Berg, Richard I. Zraick, 『THE VOICE AND VOICE THERAPY, 9th edition』, 유재연, 황영진, 한지연, 이옥분 역, 『음성과 음성치료』(서울: ㈜시그마프레스, 2014), 43쪽 참고

21) 호흡유형을 나누는 방법은 여러 가지가 있겠으나 위의 책 『음성과 음성치료』의 분류를 참고하였다.

22) 백민관·김동영, 「노인성 음성의 임상양상」, 『대한후두음성언어의학회지』 제25권 제1호, 2014, 16쪽 참고.

23) 김정완·김향희, 「노년층 의사소통능력에 대한 문헌연구」, 『언어청각 장애연구』, 2009;14;495-513, 500쪽 참고.

24) 조윤희·김향희, 「음향학적 분석을 통한 노년층 연령에 따른 조음교대운동의 속도 및 규칙성」, 『말소리와 음성과학』 제5권 제3호, 2013. 99쪽 참고.

25) 질병관리청 국가건강정보포털, "노인성 난청",
<https://health.kdca.go.kr/healthinfo/biz/health/gnrlzHealthInfo/gnlaHealthInfo/gnrlzHeathlthInfoView.do?cntnts_sn=5489>

26) 김정완·김향희, 「노년층 의사소통능력에 대한 문헌연구」, 『언어청각 장애연구』, 2009;14;495-513, 500쪽 참고.

27) 임애리·김향희·김수련·유현지, 「문헌분석을 통한 노화에 따른 음성의 특징과 삶의 질 변화」, 『재활복지 Journal of Rehabilitation Research』, Vol.17. No.1. 2013. 3. 259~276쪽 참고.
28) 손기옥, 「성별과 연령에 따른 노인 음성의 음향학적 특성」, 한림대학교 보건대학원 석사학위논문, 2017, 6~7쪽 참고.
29) Daniel R. Boone, Stephen C. McFarlane, Shelley L. Von Berg, Richard I. Zraick, 『THE VOICE AND VOICE THERAPY, 9th edition』, 유재연, 황영진, 한지연, 이옥분 역, 『음성과 음성치료』(서울: ㈜시그마프레스, 2014) 30~35쪽 참고. 이 책에서 호흡근육은 흡기근육과, 호기근육으로 나눠 각 근육의 역할이 자세히 설명되어 있으니 참고하길 바란다.
30) 위의 책, 41쪽 표 2.1 <호흡용적과 호흡용량> 참고.
31) 위의 책, 42쪽 표 2.2 <7개 연령 집단에서의 평균 폐용적과 폐용량> 참고.
32) 위의 책, 313쪽 참고.
33) 김성태, 「후두보정기법이 노인성 음성장애 환자의 음성개선에 미치는 효과-음성 기능운동법과의 비교 연구-」, 대구대학교 박사 논문, 2010, 2쪽 인용.
34) 한지연·이옥분·유재연·김지채·김문정·황상심, 「성인용 음성치료 프로그램」, 시그마프레스, 2006, 91~109, 183~200쪽 참고. 하품/한숨 발성법과 부드러운 성대 접촉은 위의 책을 참고하였으나 구체적인 방법과 예시 문장은 필자가 재구성하였음을 밝힌다.
35) 김정완·김향희, 「노년층 의사소통능력에 대한 문헌연구」, 『언어청각 장애연구』, 2009년, 502쪽 인용.
36) 홍종선, 「배우 박희순의 선글라스」, 『데일리안』, 2021.11.24., <https://www.dailian.co.kr/news/view/1055869/?sc=Naver>
37) 이채윤, 「'안시성' 조인성 "발음 교정기 끼고 대사 연습"」, 『스포츠투데이』, 2018.9.13., <http://www.stoo.com/article.php?aid=49379466057&naver=1>
38) 정운섭, 「책, 꼭 소리 내어 읽어야 하는 이유는?」, 『TV조선』, 2017.04.06., <http://news.tvchosun.com/site/data/html_dir/2017/04/06/2017040690218.html>
39) 매일경제국민보고팀, 「올드 이코노미」, 매경출판(주), 2020, 71~72쪽 인용.
40) 정연미, 「성남시 노인복지관의 문화예술교육 프로그램 실태 조사 연구」, 한양대학교 융합산업대학원 석사 논문, 2018, 15쪽 <표-5> 참고.
41) 정연미, 「성남시 노인복지관의 문화예술교육 프로그램 실태 조사 연구」, 한양대학교 융합산업대학원 석사 논문, 2018, 24쪽 인용.
42) 임병선, 「1640억원 당첨 사흘 만에 돈 나눠줄 50명 명단 작성한 부부」, 『서울신문사』, 2019.01.04., <https://www.seoul.co.kr/news/newsView.php?id=20190104500148>

43) 김재남,「셰익스피어 大全集 7 비극Ⅱ」, 도서출판 대광, 237쪽 인용.
44) 책 표지 출처: 네이버 책『3월의 눈 -배삼식 희곡집』
   <https://book.naver.com/bookdb/book_detail.naver?bid=21404846>
45) 책 표지 출처: 네이버 책『그대를 사랑합니다 1』
   <https://book.naver.com/bookdb/book_detail.naver?bid=6831437>
46) 책 표지 출처: 네이버 책『노희경 대본집 -디어 마이 프렌즈』
   <https://book.naver.com/bookdb/book_detail.naver?bid=10768970>
47) 출처 : 네이버 책『디어 마이 프렌즈 1』, 출판사 서평(yes24 제공)에서 일부 인용.
   <https://book.naver.com/bookdb/publisher_review.naver?bid=10768970>

참고문헌

단행본

1. 매일경제국민보고팀,『욜드 이코노미』, 매경출판(주), 2020.
2. 이수원,『50+ 스마트 시니어에 주목하라』, 끌리는 책, 2021.
3. 김향희,『신경언어장애』, 시그마프레스, 2013.
4. Daniel R. Boone, Stephen C. McFarlane, Shelley L. Von Berg, Richard I. Zraick,『THE VOICE AND VOICE THERAPY, 9th edition』, 유재연, 황영진, 한지연, 이옥분 역,『음성과 음성치료』시그마프레스, 2014.
5. 한지연·이옥분·유재연·김지채·김문정·황상심,『성인용 음성치료 프로그램』, 시그마프레스, 2006.
6. 김재남,『셰익스피어 大全集 7 비극Ⅱ』, 도서출판 대광.

논문

1. 차승현,「여성 노인 화자의 음성에 대한 임상가 기반 CAPE-V, GRBAS평가의 신뢰도」, 대구대학교 재활과학대학원 석사논문, 2015.
2. 손기옥,「성별과 연령에 따른 노인 음성의 음향학적 특성」, 한림대학교 보건대학원 석사학위논문, 2017.
3. 김성태,「후두보정기법이 노인성 음성장애 환자의 음성개선에 미치는 효과-음성기능운동법과의 비교 연구-」, 대구대학교 박사 논문, 2010.
4. 정연미,「성남시 노인복지관의 문화예술교육 프로그램 실태 조사 연구」, 한양대학교 융합산업대학원 석사 논문, 2018.

정기간행물 및 학회지

1. 김정완·김향희,「노년층 의사소통능력에 대한 문헌연구」,『언어청각 장애연구』, 제14권 제4호, 2009.
2. 배인호·성의숙·이진춘,「한국어판 노인음성지수의 신뢰도와 타당도」,『대한후두음성언어의학회지』, 제30권 제1회, 2019.
3. 임애리·김향희·김수련·유현지,「문헌분석을 통한 노화에 따른 음성의 특징과 삶의 질 변화」,『재활복지 Journal of Rehabilitation Research』 Vol.17. No.1. 2013.
4. 백민관·김동영,「노인성 음성의 임상양상」,『대한후두음성언어의학회지』, 제25권 제1호 2014.
5. 조윤희·김향희,「음향학적 분석을 통한 노년층 연령에 따른 조음교대운동의 속도 및 규칙성」,『말소리와 음성과학』 제5권 제3호, 2013.

기사

1. 정현수,「매일 3만명씩 늘어난 노인..'짊은 노인' 300만명 님있다」,『머니투데이』, 2021.12.24.,
   <https://news.mt.co.kr/mtview.php?no=2021122313573047176>
2. 은진,「저출산·고령화 대응 생산연령인구 나이 기준 69세로 확대 추진」,『디지털 타임즈』, 2021.12.21.,
   <http://www.dt.co.kr/contents.html?article_no=2021122202100858063001>
3. 홍종선,「배우 박희순의 선글라스」,『데일리안』, 2021.11.24.,
   <https://www.dailian.co.kr/news/view/1055869/?sc=Naver>
4. 이채윤,「'안시성' 조인성 "발음 교정기 끼고 대사 연습"」,『스포츠투데이』, 2018.9.13.,
   <http://www.stoo.com/article.php?aid=49379466057&naver=1>
5. 정운섭,「책, 꼭 소리 내어 읽어야 하는 이유는?」,『TV조선』, 2017.04.06.,
   <http://news.tvchosun.com/site/data/html_dir/2017/04/06/2017040690218.html>
6. 임병선,「1640억원 당첨 사흘 만에 돈 나눠줄 50명 명단 작성한 부부」,『서울신문사』, 2019.01.04.,
   <https://www.seoul.co.kr/news/newsView.php?id=20190104500148>

인터넷 자료

1. [네이버], 『두산백과』, "메라비언의 법칙 [The Law of Mehrabian]"
   <https://terms.naver.com/entry.naver?docId=1233745&cid=40942&categoryId=31611>
2. [네이버], 『트랜드 지식사전 1』, "액티브 시니어",
   <https://terms.naver.com/entry.naver?docId=2070426&cid=55570&categoryId=55570>
3. [네이버], 『두산백과』, "뉴실버 세대",
   <https://terms.naver.com/entry.naver?docId=1225217&cid=40942&categoryId=31630>
4. [네이버], 『매일경제』, "네오실버",
   <https://terms.naver.com/entry.naver?docId=20887&cid=43659&categoryId=43659>
5. [네이버], 『시사상식사전』, "노노족",
   <https://terms.naver.com/entry.naver?docId=2784103&cid=43667&categoryId=43667>
6. [네이버], 『두산백과』, "우피족",
   <https://terms.naver.com/entry.naver?docId=1225319&cid=40942&categoryId=31630>
7. [네이버], 『시사상식 사전』, "애플세대",
   <https://terms.naver.com/entry.naver?docId=931456&cid=43667&categoryId=43667>
8. [네이버], 『시사상식 사전』, "실버서퍼"
   <https://terms.naver.com/entry.naver?docId=2724057&cid=43667&categoryId=43667>
9. [네이버], 『매일경제』, "웹버족",
   <https://terms.naver.com/entry.naver?docId=15861&cid=43659&categoryId=43659>
10. 질병관리청 국가건강정보포털, "노인성 난청",
    <https://health.kdca.go.kr/healthinfo/biz/health/gnrlzHealthInfo/gnlaHealthInfo/gnrlzHeathlthInfoView.do?cntnts_sn=5489>

연극, 영화, 드라마 책 표지 출처

1. 책 표지 출처: 네이버 책 『3월의 눈 -배삼식 희곡집』
   <https://book.naver.com/bookdb/book_detail.naver?bid=21404846>
2. 책 표지 출처: 네이버 책 『그대를 사랑합니다 1』
   <https://book.naver.com/bookdb/book_detail.naver?bid=6831437>
3. 책 표지 출처: 네이버 책 『노희경 대본집 -디어 마이 프렌즈』
   <https://book.naver.com/bookdb/book_detail.naver?bid=10768970>
4. 출처 : 네이버 책 『디어 마이 프렌즈 1』, 출판사 서평(yes24 제공)에서 일부 인용.
   <https://book.naver.com/bookdb/publisher_review.naver?bid=10768970>